JN126820

探究　学校図書館学

第 **2** 巻

学校図書館メディアの構成

「探究　学校図書館学」編集委員会 編著

全国学校図書館協議会

はしがき

　1997年の学校図書館法の改正にともない「学校図書館司書教諭講習規程」が改正された。全国学校図書館協議会は，この改正を受けて1998年12月に発表した「司書教諭講義要綱」第二次案にもとづき「新学校図書館学」全5巻を刊行した。その後，「司書教諭講義要綱」第二次案を本案とするために特別委員会で検討を重ね2009年10月に発表した「学校図書館司書教諭講習講義要綱」にもとづき「シリーズ学校図書館学」全5巻を刊行した。

　このように，当会では講義要綱をおおむね10年の期間で見直してきた。今回も2018年に講義要綱改訂のための特別委員会を設置し，委員の互選により平久江祐司氏が委員長に就任した。委員会では，大学の授業回数を考慮して内容を精選するとともに，同年8月の「第41回全国学校図書館研究大会（富山・高岡大会）」にて改訂案を示し，多様な立場からの意見を求めた。その後，パブリックコメントも踏まえて再度議論を重ねた。また，今回の改訂にあたっての基本方針である「講義要綱（シラバス）は，大学ごと（教員ごと）に作るものである」をもとに，各大学で講義要綱作成の指針となるものとして，2019年1月に「学校図書館司書教諭講習講義指針」の名称で発表した。

　この「探究　学校図書館学」全5巻は，講義指針にもとづき，「新学校図書館学」や「シリーズ学校図書館学」の成果を考慮しつつ，15回の授業を想定して刊行するものである。そのねらいの第一は，新学習指導要領に示された「主体的・対話的で深い学び」（いわゆるアクティブ・ラーニングの視点）での授業改善を推進する司書教諭養成のためのテキストとして，司書教諭を目指す教員や学生の学習に役立つことである。第二は，学校図書館を担当したり授業で学校図書館を活用したりしている人たちが，最新の学校図書館学の内容を系統的に学び，力量を高めようとする際の参考となることである。

　「探究　学校図書館学」を編集するに当たり，次の点に留意した。

　①　学校図書館学，図書館情報学，教育学，情報工学等の成果も取り入れる。

② 大学等で講義用のシラバス作成の参考になる章立て構成をする。

③ 専門用語の定義を明確にするとともに，全巻を通して表記等を統一する。ただし，文脈や記述内容により，異なる表現等をする場合もある。

　知識基盤社会にあって新学習指導要領が目指す「知識・技能」の習得には，学校図書館の活用が欠かせない。図書館では，日本十進分類法の概念のもと世の中の知識が資料として分類整理されている。この資料（知識）を活用して，子どもたちは直面するさまざまな課題を解決するために探究の過程を通して学びを深めている。こうした一連の課題解決学習や探究型学習が日常化することで，「思考力・判断力・表現力」が育まれる。また，図書館の資料が教科別に分類されていないことで，教科等横断的な学びにも対応できる。

　この，「探究　学校図書館学」全5巻が司書教諭の養成，読書指導や学び方指導を通して授業改善を進める担当職員の研鑽に役立つことを願う。

　最後に講義指針の作成および「探究　学校図書館学」編集委員としてご尽力いただいた先生方，貴重な原稿をご執筆いただいた皆様に，お礼を申し上げたい。また，講義指針作成の段階から適切なご助言やご意見をお寄せいただくなど，大所高所からご支援いただいた全国各地の先生方にも謝意を表したい。多くの方々の熱意あるご支援により刊行にいたったことに心から感謝申し上げたい。

公益社団法人全国学校図書館協議会

理事長　設楽　敬一

序

　本書は，学校図書館司書教諭講習科目「学校図書館メディアの構成」のテキストとして編まれた。全国学校図書館協議会が 2019 年 1 月に定めた「学校図書館司書教諭講習講義指針」では，科目のねらいと内容を次のように述べている。ねらいについては，「学校図書館メディアの構成に関する理解および実務能力の育成を目ざしながら，学校図書館メディアの専門職である司書教諭としての基本的な知識を獲得することを目的とする」。また，内容については，学校教育に果たす学校図書館メディアの意義と役割，学校図書館メディアの種類と特性，コレクション構築の理論と実際，組織化の理論と実際を大きな柱立てとする全 15 回分が提示されている。

　このねらいと内容をふまえて，本書は，次の 6 章構成とした。すなわち，「第Ⅰ章　高度情報社会における学校教育と学校図書館メディア」「第Ⅱ章　学校図書館メディアの種類と特性」「第Ⅲ章　学校図書館のコレクション構築」「第Ⅳ章　学校図書館メディア組織化の意義と展開」「第Ⅴ章　学校図書館メディア組織化の実際：目録法」「第Ⅵ章　学校図書館メディア組織化の実際：主題索引法」である。第Ⅴ章と第Ⅵ章には実践力を高めるべく演習問題を入れた。また，巻末には，資料として，「学校図書館図書標準」，「学校図書館メディア基準」，「日本十進分類法第 3 次区分表（要目表）」を付した。このほか，法規，ガイドライン，基準などについては，『学校図書館基本資料集』（全国学校図書館協議会，2018）もあわせて参照しながら，学修を進めてほしい。

　本書が，司書教諭を目指すみなさんの学修のさらなる深化に寄与できるとすれば幸いである。

第 2 巻編集委員　野口武悟

目次

第Ⅰ章　高度情報社会における学校教育と学校図書館メディア

第Ⅱ章　学校図書館メディアの種類と特性

第Ⅲ章　学校図書館のコレクション構築

第IV章　学校図書館メディア組織化の意義と展開

第Ⅰ章　高度情報社会における学校教育と学校図書館メディア

1　高度情報社会を生きる私たち

　現代社会は，高度情報社会や高度情報通信社会といわれる。こう呼ばれ始めたのは 1990 年代も後半のことである。1998 年に国が定めた「高度情報通信社会推進に向けた基本方針」のなかで，「高度情報通信社会とは，人間の知的生産活動の所産である情報・知識の自由な創造，流通，共有化を実現し，生活・文化，産業・経済，自然・環境を全体として調和し得る新たな社会経済システムである」と定義している。その上で，「このシステムは，制度疲労を起こした従来の大量生産・大量消費を基礎とするシステムにとって代わり，「デジタル革命」とも言える変革の潮流を生み，経済フロンティアの拡大，高コスト構造の打破，活力ある地域社会の形成や真のゆとりと豊かさを実感できる国民生活等を実現するものである」と述べている。2 年後の 2000 年には「高度情報通信ネットワーク社会形成基本法」（IT 基本法）が制定された。

　高度情報社会の形成の基盤となっているのが，インターネットである。もはや私たちの生活に不可欠な存在となっているスマートフォン（スマホ）も，インターネットにアクセスする主要なデバイス（端末）となっている。インターネットは，複数のコンピュータネットワークに相互接続可能な世界規模の情報通信網のことである。このインターネットが急速に普及するのは 1990 年代半ばであるから，それほど古い話ではない。

　いまや，スマホでインターネットにさえつながっていれば何でもできると錯覚してしまうほど便利な世の中になった。実際に総務省の『平成 30 年版情報通信白書』によると，日本人のインターネット利用率は 80％を超えており（図表 1 − 1），年齢別で見ると 13 〜 49 歳では 95％を超えて 100％に近い利用率となっている（図表 1 − 2）。また，インターネットにアクセス

するデバイスとしては，コンピュータ（パソコン）よりもスマホでアクセスするほうが多くなっている（図表1-3）。

図表1-1　インターネットの利用率の推移

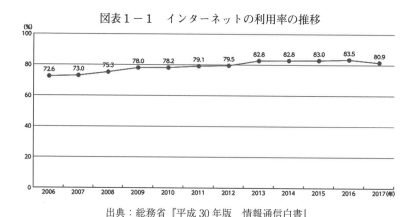

出典：総務省『平成30年版　情報通信白書』

図表1-2　インターネットの年齢構成別の利用率

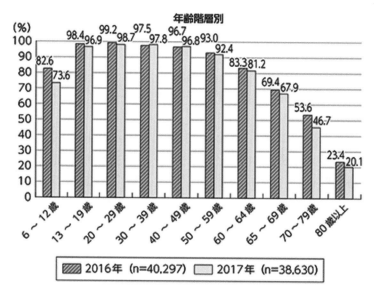

出典：総務省『平成30年版　情報通信白書』

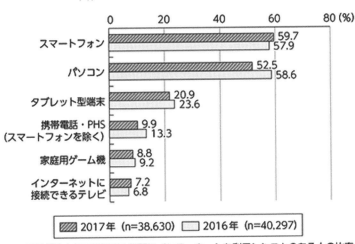

図表１－３　インターネットの利用端末

※当該端末を用いて過去１年間にインターネットを利用したことのある人の比率

出典：総務省『平成30年版　情報通信白書』

　便利な世の中には，当然，課題も存在する。セキュリティーの問題や，情報漏洩などのプライバシー侵害の問題，SNS（Social Networking Service）などを悪用した犯罪やいじめなどの問題，デジタル・デバイド（情報格差）の問題など，あげればきりがない。自分には関係ない，自分は大丈夫という思い込みが落とし穴となって被害にあってしまうケースが相次いでいる。

　こうした課題には，法整備などで対処すべき側面はもちろんあるが，私たち一人ひとりの能力やモラルにかかっている側面もある。高度情報社会を生きる私たちには，老若男女を問わず，「読み・書き・計算」と同じように，情報を適切に扱える能力やモラル，すなわち情報活用能力が求められている。

2　情報とメディアの教育的意義と役割

　ところで，情報とは何だろうか。簡潔にいうならば，事実や思想などを他者に伝達可能な形で表現したものといえる。他者に伝達可能な形の表現とし

ては，文字をまず思い浮かべるかもしれないが，話しことば，表情，手振り身振りなども該当する。話しことば，表情，手振り身振りは，その場に他者がいないと情報を伝達しづらいが，文字であれば情報を紙などに書いて記録することで，その場にいない人にも伝達することができる。文字が記録された紙などの情報の伝達を媒介するものを情報メディア，あるいは単にメディアという。今日では，録音や録画することで，話しことば，表情，手振り身振りで表現された情報も記録することができるようになった。

　学校教育は，情報とメディアを抜きにして成り立たない。ある専門辞典には，「学校とは，社会的に望ましいとされた知識・技能を子どもに伝えるために，独立の建物と専門の教師が毎日のように子どもを集団的に集め，教育する場」[注1]と説明されている。つまり，教員が「社会的に望ましいとされた知識・技能」（すなわち，情報）を子どもに伝える営みが学校教育なのである。この際，情報は，教員の話しことばで子どもに伝達されるだけではない。教科書に代表されるメディアを通しても伝達される。もちろん，学校において利用されるメディアは，教科書だけではない。教員の手による黒板やホワイトボードの板書，さまざまな図書，新聞，雑誌，CD，DVD，テレビやラジオで放送される教育番組，電子黒板やプロジェクタで投影するなどして利用される電子メディアやインターネットのコンテンツ，模型，標本，掛図，教員の自作教材など，あげればきりがない。

　そして，今日，すでに前節で述べたように，情報そのものを適切に扱える能力やモラルを学校教育で育むことが求められている。すなわち，情報活用能力の育成である。1986年4月の臨時教育審議会第二次答申では「情報及び情報手段を主体的に選択し活用していくための個人の基礎的な資質（情報活用能力）」を読み，書き，計算に並ぶ基礎・基本と位置づけ，以降の情報教育の本格的な展開へとつながっていった。1989年改訂の「学習指導要領」を皮切りに，改訂のたびに情報教育の強化が図られ，現在にいたっている。とりわけ，1999年改訂の「高等学校学習指導要領」では，普通教科「情報」を新設し，必修とした。

　そもそも情報活用能力とは，文部科学省（『教育の情報化に関する手引き』）

によれば次の３つの観点から整理できるという。

　①情報活用の実践力：課題や目的に応じて情報手段を適切に活用することを含めて，必要な情報を主体的に収集・判断・表現・処理・創造し，受け手の状況などを踏まえて発信・伝達できる能力
　②情報の科学的な理解：情報活用の基礎となる情報手段の特性の理解と，情報を適切に扱ったり，自らの情報活用を評価・改善するための基礎的な理論や方法の理解
　③情報社会に参画する態度：社会生活の中で情報や情報技術が果たしている役割や及ぼしている影響を理解し，情報モラルの必要性や情報に対する責任について考え，望ましい情報社会の創造に参画しようとする態度

　では，児童生徒の情報活用能力の現状はどうなっているのだろうか。文部科学省が 2015 年 12 月から翌年３月にかけて高等学校２年生を対象に実施した「情報活用能力調査（高等学校）」の結果からは，次のような現状と課題が指摘されている[注2]。これらの指摘は，指導の際に留意すべきポイントともいえる。

　〈情報活用の実践力〉
　　整理された情報を読み取ったり，整理・解釈したりすることはできるが，複数の情報がある多階層のウェブページから，目的に応じて特定の情報を見つけ出し，関連付けることに課題がある。
　　また，複数の統計情報を，条件に合わせて整理し，それらを根拠として意見を表現することに課題がある。
　〈情報の科学的理解〉
　　自動制御に関する情報処理の手順を考え，アルゴリズムを用いて表現することに課題がある。
　〈情報社会に参画する態度〉

基本的な情報モラルは理解しているが，情報の発信・伝達の際に，他者の権利（肖像権や著作権）を踏まえて適切に対処することや，不正請求のメールやサイト等の対処に課題がある。

3　学習環境の変化と学校図書館メディア

　今日，社会の情報化とともに，学校においても情報化が進んでいる。ただし，社会の情報化の進展スピードに比べると，学校におけるそれは遅れをとっているといわざるを得ない。文部科学省は，学校の情報化の一層の推進を目指して，2011 年に「教育の情報化ビジョン〜 21 世紀にふさわしい学びと学校の創造を目指して〜」を，次いで，2016 年に「教育の情報化加速化プラン〜 ICT を活用した「次世代の学校・地域」の創生〜」を策定した。また，2019 年 6 月には，「学校教育の情報化の推進に関する施策を総合的かつ計画的に推進し，もって次代の社会を担う児童生徒の育成に資することを目的」とした「学校教育の情報化の推進に関する法律」が制定されている。

　学校の情報化には，3 つの側面がある。前述の「教育の情報化ビジョン〜 21 世紀にふさわしい学びと学校の創造を目指して〜」によれば，

　　①情報教育（子どもたちの情報活用能力の育成）
　　②教科指導における情報通信技術の活用（情報通信技術を効果的に活用
　　　した，分かりやすく深まる授業の実現等）
　　③校務の情報化（教職員が情報通信技術を活用した情報共有によりきめ
　　　細かな指導を行うことや，校務の負担軽減等）

の 3 つである。

　ところで，情報化というときの情報は，「情報通信技術」（= ICT）ということばからもわかるように，電子メディアに記録された情報や，インターネットなどのネットワーク経由で流通する情報を指すことが多い。しかし，世の中の情報のうちデジタルによる流通量が増大し続けているとはいえ，す

べての情報がデジタルになっているわけではない。学校教育に必要となる情報も同様である。情報には紙ベースのアナログなメディアに記録されているものも多数存在する。教科書はその典型である。

　したがって，学校教育においては，アナログ，デジタルのどちらか一方でよしとすることなく，アナログとデジタルのハイブリッドな情報環境の構築が欠かせない。その情報環境こそが学校図書館に他ならない。文部科学省が定めた小学校と中学校の「学校施設整備指針」（2016年改訂）では，学校図書館について「図書，コンピュータ，視聴覚教育メディアその他学習に必要な教材等を配備した学習・メディアセンターとして計画することも有効である」とし，ハイブリッドな情報環境づくりの有効性を明示している。なお，学校図書館が扱うアナログからデジタルまでの学校教育に必要な各種メディアのことを総称して学校図書館メディアまたは学校図書館情報資源という。図書館資料と呼ぶこともある。以下，本書では原則として学校図書館メディアまたはメディアと表記する。

　学校図書館は，「学校教育において欠くことのできない基礎的な設備」（「学校図書館法」第1条）であり，学校図書館メディアの収集，整理，保存，提供を通して，「学校の教育課程の展開に寄与するとともに，児童又は生徒の健全な教養を育成することを目的」（同法第2条）としている。教育課程とは，文部科学省によれば，「学校教育の目的や目標を達成するために，教育の内容を子供の心身の発達に応じ，授業時数との関連において総合的に組織した学校の教育計画であり，その編成主体は各学校である」。各学校における教育課程編成の基準が「学習指導要領」であり，各校種ごとに文部科学省が告示している。最新の「学習指導要領」は，小学校と中学校，特別支援学校（小学部，中学部）が2017年に，高等学校が2018年に，特別支援学校（高等部）が2019年に，それぞれ告示されている。

　では，「学習指導要領」においては，学校図書館メディアにかかわって，どのような記述がなされているのだろうか。「小学校学習指導要領」の総則を例に確認してみる（他の校種においても記述内容はほぼ同様である）。下線部が学校図書館および学校図書館メディアにかかわる部分である。

第3　教育課程の実施と学習評価

1　主体的・対話的で深い学びの実現に向けた授業改善

（2）第2の2の（1）に示す言語能力の育成を図るため，各学校において必要な言語環境を整えるとともに，国語科を要としつつ各教科等の特質に応じて，児童の言語活動を充実すること。あわせて，（7）に示すとおり読書活動を充実すること。

（3）第2の2の（1）に示す情報活用能力の育成を図るため，各学校において，コンピュータや情報通信ネットワークなどの情報手段を活用するために必要な環境を整え，これらを適切に活用した学習活動の充実を図ること。また，各種の統計資料や新聞，視聴覚教材や教育機器などの教材・教具の適切な活用を図ること。

　あわせて，各教科等の特質に応じて，次の学習活動を計画的に実施すること。

　　ア　児童がコンピュータで文字を入力するなどの学習の基盤として
　　　　必要となる情報手段の基本的な操作を習得するための学習活動
　　イ　児童がプログラミングを体験しながら，コンピュータに意図し
　　　　た処理を行わせるために必要な論理的思考力を身に付けるための
　　　　学習活動

（7）学校図書館を計画的に利用しその機能の活用を図り，児童の主体的・対話的で深い学びの実現に向けた授業改善に生かすとともに，児童の自主的，自発的な学習活動や読書活動を充実すること。また，地域の図書館や博物館，美術館，劇場，音楽堂等の施設の活用を積極的に図り，資料を活用した情報の収集や鑑賞等の学習活動を充実すること。

　以上のように，学校図書館および学校図書館メディアは，「情報活用能力の育成」にかかわることはもちろんのこと，「言語能力の育成」，そして「主体的・対話的で深い学びの実現に向けた授業改善」にも大きくかかわっていることがわかる。「主体的・対話的で深い学び」とは，いわゆる「アクティブ・

ラーニング」のことであり，教員からの一方的な講義形式の授業によって知識を教授するのではなく，グループワークやディスカッションなどを取り入れて児童生徒が主体的に参加して，深く学習できる授業づくりのことである。「主体的・対話的で深い学び」は，現行の「学習指導要領」の柱といってもよく，すべての教科等において「主体的・対話的で深い学び」の実現に向けた授業改善に取り組むことになった。文部科学省が公表した「主体的・対話的で深い学び（「アクティブ・ラーニング」の視点からの授業改善）について（イメージ）」（図表1－4）には，具体例の1つとして，「事象の中から自ら問いを見いだし，課題の追究，課題の解決を行う探究の過程に取り組む」（いわゆる探究学習）などがあげられている。

図表1－4　主体的・対話的で深い学びの実現についてのイメージ

出典：文部科学省ウェブサイト

　学校図書館の実務担当者（司書教諭，学校司書など）は，自校の教育課程を把握，理解し，その展開に寄与できるように，学校図書館メディアの整備，充実に取り組んでいかなければならない。

教育課程を授業として具現化していくのは，教員一人ひとりである。教員一人ひとりが，授業づくり，言い換えれば教育方法や指導法のなかで学校図書館メディアを利活用することをしっかり意識し，実践してもらうことが大切である。そうでなければ，いくら学校図書館メディアの整備，充実に取り組んでも，使われないという状況になりかねない。教員向けの「図書館だより」を発行して情報提供に努めたり，年間の「学校図書館利用計画」を作るなど，教員一人ひとりへの働きかけにも積極的に取り組みたい。

（野口武悟）

〈注〉
（注1）岡本夏木・清水御代明・村井潤一監修『発達心理学辞典』ミネルヴァ書房　1995 年　p.107
（注2）文部科学省「情報活用能力調査（高等学校）結果概要」　2017 年

〈参考文献〉
・全国学校図書館協議会監修『司書教諭・学校司書のための学校図書館必携：理論と実践（改訂版）』悠光堂　2017 年
・全国学校図書館協議会「シリーズ学校図書館学」編集委員会編『学校図書館メディアの構成（シリーズ学校図書館学2）』全国学校図書館協議会　2010 年
・日本図書館情報学会用語辞典編集委員会編『図書館情報学用語辞典　第4版』丸善出版　2013 年
・野口武悟編，全国学校図書館協議会監修『学校図書館基本資料集』全国学校図書館協議会　2018 年
・野口武悟・鎌田和宏編著『学校司書のための学校教育概論』樹村房　2019 年
・堀川照代編著『「学校図書館ガイドライン」活用ハンドブック　解説編』悠光堂　2018 年
・堀川照代編著『「学校図書館ガイドライン」活用ハンドブック　実践編』悠光堂　2019 年

第Ⅱ章　学校図書館メディアの種類と特性

1　さまざまな学校図書館メディア

　学校図書館に対して，〈本がたくさんあるところ〉というイメージを持つ人は多い。本，すなわち図書は，学校図書館が所蔵する主要なメディアであることは間違いない。しかし，図書だけを所蔵していればよいわけではない。とりわけ，これからの学校教育の教育課程の展開に資する学校図書館であるためには，アナログからデジタルまでさまざまな学校図書館メディアを提供できることが大切である。

　1953年に制定された「学校図書館法」では，第2条において，「図書，視覚聴覚教育の資料その他学校教育に必要な資料（以下「図書館資料」という。）を収集し，整理し，及び保存し，これを児童又は生徒及び教員の利用に供する」とある。また，2016年に通知された文部科学省の「学校図書館ガイドライン」では，（5）学校図書館における図書館資料において，「学校図書館の図書館資料には，図書資料のほか，雑誌，新聞，視聴覚資料（CD，DVD等），電子資料（CD-ROM，ネットワーク情報資源（ネットワークを介して得られる情報コンテンツ）等），ファイル資料，パンフレット，自校独自の資料，模型等の図書以外の資料が含まれる」としている。このように，法律やガイドラインでも，学校図書館が扱うメディア（法律やガイドラインでは資料と表記）の種類は多様であることがわかるだろう。

　本節では，学校図書館が扱うさまざまなメディアを，（1）印刷メディア，（2）視聴覚メディア，（3）電子メディア，（4）ファイル資料などの大きく4つに分けて，それぞれの種類ごとの特性を説明していく。

（1）印刷メディア

　印刷メディアは，情報を紙に印刷技術によって記録したメディアである。主要な印刷メディアとしては，図書と，新聞や雑誌などの継続刊行物（逐次刊行物）がよく知られている。

　図書と継続刊行物（ただし新聞は除く）は，出版社によって発行され，出版流通のシステムによって，消費者である読者のもとに届けられる。学校図書館は，図書と継続刊行物を予算を用いて購入しており，前述の流れのなかでは，消費者に該当するといってよい。出版流通のシステムとしては，"出版社→取次会社→書店"という書店ルートが主流であったが，近年はネット書店に押されて実店舗型の書店はピーク時の半分にまで減少している。また，コンビニエンスストアなど書店以外でも図書や継続刊行物の購入は可能であり，流通チャネルは多様化してきている。

　日本の出版流通のシステムにおいては，委託販売制度と再販売価格維持制度という2つの特徴的な制度が採用されている。通常，小売店はメーカーが製造した商品を買い切って販売している（買切り制）。売れ残りそうな商品は，小売店が自由に値引き販売できる。しかし，図書と継続刊行物の場合，小売店である書店は，メーカーである出版社が発行した商品である図書や継続刊行物を取次会社を経由して仕入れるが，一定期間内であれば，図書や継続刊行物を取次会社を経由して出版社に返品することができる仕組みになっている。これが委託販売制度である。近年，返品率が4〜5割にものぼり，出版流通業界の大きな課題となっている。値引き販売をして返品率を減らせば良いと思うかもしれないが，図書や継続刊行物は出版社が決めた定価で販売しないといけないという再販売価格維持制度が「独占禁止法」に規定されているため，そうもいかないのである。1990年代末から2000年代初頭にかけて，再販売価格維持制度の見直しの議論もあったが，私たちの文化的な生活に欠かせない図書と継続刊行物を全国どこでも同じ価格で購入できるようにするメリットは大きく，当面存続することとなった。出版流通業界は，高い返品率を減らすべく，現行制度の範囲内で，現在さまざまな努力を続けている。

　さて，主な印刷メディアの種類と特性を見ていこう。

①図書

　学校図書館メディアのなかで中心を占めているのが図書である。図書は，本，書籍，書物などとも呼ばれる。『図書館情報学用語辞典　第4版』（2013年）では，「文字や図表などが記載された紙葉を冊子体に製本した資料」であり，「現代では，手書きではなく印刷され，装丁され，出版され，さらに相当量のページ数（ユネスコの定義では49ページ以上）を有するものとして捉えることが多い」と説明している。図書と一口にいっても，そのジャンルは多様であり，例えば，フィクション，ノンフィクション，実用書，絵本，辞・事典，図鑑，漫画本など多岐にわたる。『出版年鑑』（2018年）によると，2017年には約7.5万点の図書が日本で発行されている。これら膨大な図書が毎年出版されており，そのなかから学校にとって必要な図書を予算や所蔵スペースを考慮しつつ選択・収集してコレクションを構築することが学校図書館には求められる。

②継続刊行物

　継続刊行物（逐次刊行物）は，終期を定めずに継続して刊行されるメディアのことで，新聞や雑誌のほかに年鑑，白書などがある。日刊，週刊，旬刊，月刊，年刊のように刊行頻度を定めて刊行する定期刊行物が一般的であるが，なかには刊行頻度が定まらない不定期刊行物もある。『図書館情報学用語辞典　第4版』では，新聞を「不特定多数の人々を対象に，最新のニュースの報道と評論を主たる目的として，同一のタイトルのもとに，ブランケット判もしくはタブロイド判の形態でとじずに刊行される逐次刊行物」，雑誌を「主題，読者層，執筆者層などにおいて一定の方向性を持つ複数の記事を掲載している逐次刊行物」と説明している。雑誌よりも新聞のほうが情報の速報性において勝っており，印刷メディアで時事的な情報を早く調べたい場合には新聞が最適である。一方，ある程度の時間をかけて深く取材や調査を行って執筆された記事が多いのが雑誌である。こうしたメディアの特性の違いにも着目しつつ，学校教育のなかで新聞を活用するNIE（Newspaper in Education）や雑誌を活用するMIE（Magazine in Education）の実践も広が

りつつある。近年，新聞も雑誌も，電子メディアの普及にともなって，発行部数が減少傾向にある。なお，図書のなかにも叢書など継続して刊行されるシリーズものがあるが，これらはそれぞれに固有のタイトルを有しており，図書として扱うことが一般的である。

③その他

　印刷メディアには，以上のほかにもパンフレットやリーフレット，自校で印刷した配布物や教材などもあるが，これらについては本節の（4）および第Ⅲ章で詳しく述べる。

（2）視聴覚メディア

　視聴覚メディアは，音楽や画像，映像などを記録したメディアである。近年は，デジタル方式での記録が主流となり，後述の電子メディアとの区分はあいまいになりつつある。図書館では，AV（Audio-Visual）メディアという言い方もされる。視聴覚メディアは，記録された情報の内容から，音楽メディア，画像メディア，映像メディアの3つに大別することができる。一部の画像メディアを除き，再生・視聴には再生装置が必要となる。

①音楽メディア

　音楽を記録したメディアとしては，古くはレコードがあったが，今日の学校図書館においてレコードを所蔵し，日常的に提供しているところはきわめて少ないだろう。その後，カセットテープやMD（Mini Disc）なども使われてきたが，現在はCD（Compact Disc）が使われている。私たちの日常生活においてはインターネットによる音楽配信がすでに主流となっているが，学校や学校図書館では扱いのしやすさからCDが今後もしばらくは使われていくものと思われる。

②画像メディア

　画像（静止画）を記録したメディアである。まず，紙芝居，絵はがき，ポスター，写真などがあげられる。これらは，本節の（1）で述べた印刷メディアの一種でもある。また，手書きの絵画も，画像メディアと捉えることができる。これらのメディアは，再生装置を必要としないことから，簡易視

聴覚メディアと呼ぶこともある。一方で，再生装置（投影装置）が必要となる画像メディアもある。スライドや TP（Transparency）シートなどである。TP シートは透明のフィルムシートで，文字や絵などをマジックで手書きできるだけでなく，写真や図表などをプリンターで印刷することもできる。この TP シートを投影する装置を OHP（Over Head Projector）という。今日では，スライドや TP シートの機能はコンピュータのプレゼンテーションソフトが担うようになっており，学校現場でスライドや TP シートが使われることは少なくなっている。

③映像メディア

　映像（動画）を記録したメディアとしては，古くはフィルムがあった。現在でも地域の公共図書館や視聴覚ライブラリーではフィルム映写技術の講習会を実施するところがあるが，学校図書館でフィルムを所蔵するところは少数だろう。その後，ビデオテープや LD（Laser Disc）などが使われたが，現在では DVD（Digital Versatile Disc）や BD（Blu-ray Disc）が広く使われている。音楽メディア同様に，今日，インターネットによる映像配信が一般的となっているが，学校現場では今後もしばらくは DVD や BD といったパッケージ系メディアが使われていくだろう。

　映像メディアの扱いをめぐっては，ほかのメディアと違って注意すべき点がある。それは，貸出についてである。学校図書館では，学校の判断で貸出を行わない（これを禁帯出という）としたメディア以外は，どんなメディアでも自由に貸出すことができる。しかし，映像メディアだけは，「著作権法」第 38 条第 5 項の規定により，貸出すことができないので注意が必要である。なお，映像メディア作品のパッケージに学校図書館での貸出を認める旨の記載がなされていたり，学校が著作権者から貸出の許諾を得た場合には，この限りではない。

（3）電子メディア

　電子メディアには，情報のデータを CD-ROM などに記録したパッケージ系電子メディアと，情報のデータがインターネット経由で流通するネット

ワーク情報資源の2つに大別できる。どちらも，情報の閲覧や視聴にはコンピュータやタブレット端末を用いるが，加えて後者の場合はネットワークに接続している必要がある。

すでに本節の（2）で述べたCDやDVD，BDもパッケージ系電子メディアといえるが，このほかに，学校現場では辞・事典，地図，統計などの情報を記録したCD-ROMやDVD-ROMを学校図書館で所蔵し，教材として活用することがある。

近年，学校現場では，パッケージ系電子メディア以上に，ネットワーク情報資源が盛んに用いられている。とりわけ，調べ学習などでさまざまなウェブサイト（ホームページ）から情報を収集することが多い。限られた時間のなかで効率的に的確な情報収集への道しるべとして，授業で扱うテーマの調べに役立つウェブサイトのリストやリンク集を学校図書館が作成して，提供しているところもある。

また，ネットワーク情報資源のうち，各種のデータベースや電子書籍サービスを導入する学校図書館も増えつつある。

データベースとしては，「ポプラディアネット」（ポプラ社）や「ジャパンナレッジ」（ネットアドバンス）のような辞・事典データベース，「朝日けんさくくん」（朝日新聞社），「ヨミダス for スクール」（読売新聞社），「毎索ジュニア」（毎日新聞社）のような新聞データベースなどがある。年度単位での契約となる。

電子書籍サービスも，2019年4月の段階ですでに20を超える学校図書館が導入している。児童生徒や教職員は，自分の手持ちのタブレット端末などから学校電子図書館（電子書籍サービス）のトップページにアクセスし，IDとパスワードでログインして利用する。地域の公共図書館や大学図書館で普及が進む電子図書館（電子書籍サービス）と利用方法は同じである。データベースと同様に，電子書籍サービスの事業者と契約して導入することになる。

国は，2018年4月に閣議決定した「子供の読書活動の推進に関する基本的な計画（第4次)」のなかで，「電子書籍等の情報通信技術を活用した読書

も含む」と電子書籍を初めて明記した。また，2019年4月に施行された改正「学校教育法」ではデジタル教科書に法的根拠を与えたが，デジタル教科書も電子書籍の一種である。デジタル教科書の普及が進めば，それ以外の図書を電子書籍で利用したいというニーズが児童生徒や教職員の間で高まることも考えられる。学校図書館で電子書籍をどう扱うか，各校での検討が急がれる。

（4）ファイル資料など

　学習活動などに有効な情報が得られるパンフレットやリーフレットなどをファイリングしたものをファイル資料やインフォメーションファイルと呼ぶ。何をファイリングするかは学校や学校図書館が必要性に応じて判断をして決める。ファイル資料の詳細については，第Ⅲ章で詳しく述べる。

　ファイリングの対象となることもあるが，そのままの形で学校図書館において所蔵することがあるものとして，自校独自の資料がある。主なものとしては，（1）児童生徒の作品，（2）教職員の自作教材，（3）自校の歴史資料などがある。ある程度の分量のある冊子形態や立体のもの，さらには視聴覚メディアや電子メディアとして作られた児童生徒の作品や教職員の自作教材のうち，学校図書館で所蔵することによって広く児童生徒や教職員の利用に供するべきと判断したものについては，本人や保護者（児童生徒の作品の場合）に断った上で，所蔵することがある。自校の歴史資料については，校長室や職員室で保管されることが多いが，歴史の古い学校では学校図書館で所蔵し，一部を館内で展示・公開している学校もある。学校図書館が学校アーカイブズとしての役割も担っている例といえる。

　同様に，地域資料も，ファイリングの対象となることもあれば，そのままの形で所蔵することもある。自治体の広報紙や要覧，統計書など現在の地域を知るための資料だけでなく，歴史の古い学校では前近代の古文書などを含む郷土資料を所蔵しているケースもある。

　専門学科を設ける高等学校の学校図書館にあっては，マイクロ資料を所蔵するところもある。マイクロ資料は，地図や設計図などを写真撮影して縮小

図表2－1　マイクロリーダー

図表2－2　35mm ロールフィルムと 16mm ロールフィルム

図表2－3　マイクロフィッシュ

上記すべて，写真提供：富士マイクロ株式会社

（マイクロ化）した資料であり，マイクロリーダー（図表2－1）と呼ばれる装置で再生，閲覧する。マイクロ資料にはフィルムをロール状に巻いた形態のもの（ロールフィルム：図表2－2）や，1枚のカードにフィルムを収めた形態のもの（マイクロフィッシュ：図表2－3）などがある。温度と湿度を適正に管理することで，長期保存が可能なメディアである。

　博物資料や実物資料と呼ばれる模型や標本なども学校図書館メディアの一種である。模型や標本は，教科ごとの準備室などに保管されることが多い。しかし，総合的な学習の時間（高等学校では総合的な探究の時間）や教科横断的な学習活動の展開の充実を見据えて，模型や標本を学校の共通教材として学校図書館で一元的に扱うように変更するところもある。

　なお，学校図書館メディアとしては特別な教育的ニーズに応えるメディア（例えば，点字資料など）も重要であるが，これらについては次節で詳述する。

2　特別な教育的ニーズに応える学校図書館メディア

　文部科学省の「学校図書館ガイドライン」では，（5）学校図書館における図書館資料のなかに，「発達障害を含む障害のある児童生徒や日本語能力に応じた支援を必要とする児童生徒の自立や社会参画に向けた主体的な取組を支援する観点から，児童生徒一人一人の教育的ニーズに応じた様々な形態の図書館資料を充実するよう努めることが望ましい。例えば，点字図書，音声図書，拡大文字図書，LLブック，マルチメディアデイジー図書，外国語による図書，読書補助具，拡大読書器，電子図書等の整備も有効である」との記述がある。

　特別な教育的ニーズのある児童生徒，具体的には障害のある児童生徒や日本語能力に応じた支援を必要とする児童生徒などは増加傾向にある。また，2019年6月には学校図書館も対象とした「視覚障害者等の読書環境の整備の推進に関する法律」（読書バリアフリー法）が制定された。こうした動向をふまえて，特別な教育的ニーズのある児童生徒のニーズに応えるメディアを整備し，提供できるようにすることがすべての学校図書館に求められてい

る。

（1）障害のある児童生徒のニーズに応えるメディア

　障害のある児童生徒の在籍率は，義務教育段階で見ると，特別支援教育を受けている児童生徒（特別支援学校や，小学校・中学校の特別支援学級，通級指導教室に通っている児童生徒）が4.2％，また，通常の学級に在籍する発達障害の可能性のある児童生徒が6.5％程度となっている（図表2－4）。義務教育段階で特別支援教育を受けている児童生徒は，この10年で2倍以上に増加している。高等学校段階でも増加傾向にあり，2018年度からは高等学校においても通級による指導が開始されている。

図表2－4　障害のある児童生徒の現状（義務教育段階）

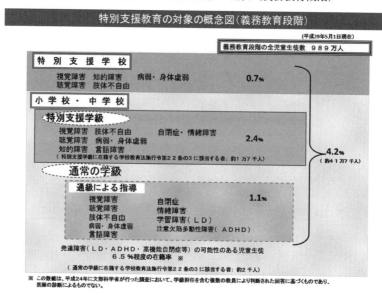

出典：文部科学省ウェブサイト

　障害のある児童生徒の読書や情報アクセスのスタイルは実に多様であり，それにあわせて多様なメディアが存在する。主なメディアの種類と特性を説

明したい。

①点字資料

　点字は指で触って読む文字である。日本語の点字は，1890年に東京盲唖学校（現在の筑波大学附属視覚特別支援学校）の教員だった石川倉次によって作られた（1901年には官報にも「日本訓盲点字」として掲載）。視覚障害のある児童生徒のなかには，読書や情報アクセスの際に点字を優先的に用いる人がいる。点字資料には，点字図書はもちろん，点字雑誌や点字新聞もある。点字新聞としては，毎日新聞社が発行する『点字毎日』（1922年創刊）がよく知られている。

①－2　さわる絵本

　さわる絵本は指で触って絵の形などがわかるように作られた絵本である。点字が付いていることが多く，点字付きさわる絵本とも呼ばれる。主に視覚障害のある乳幼児・児童を読者対象として想定しているが，障害のない乳幼児・児童やおとなもいっしょに楽しむことができる。

②録音資料

　録音資料は耳で聴いて読むメディアである。音声資料とも呼ばれる。日本の録音資料は，1938年に当時の中央盲人福祉協会と日本放送協会（NHK）の研究のもとに製作されたレコード型の「トーキングブック」（読本器）が最初である。以降，テープ，CDとその形態を変遷させながら現在にいたっている。現在，録音資料は，DAISY（デイジー）規格でのデジタル録音によって製作されることが主流である。DAISYは，Digital Accessible Information SYstemの略語で，国際標準規格となっている。録音資料には，図書だけでなく，雑誌や新聞を音声化したものもある。視覚障害のある児童生徒が主に用いてきたが，近年は，ディスレクシア（読字障害）をともなう学習障害のある児童生徒など視覚による読書や情報アクセスに困難のある人たちにも活用されるようになってきている。

③大活字資料

　大活字資料は文字のサイズ（大きさ）だけでなく，フォント（字体）や行間の幅などにも配慮されて作られたメディアである。ロービジョンと呼ばれ

る弱視などの視覚障害のある児童生徒が主に用いてきたが，近年は，録音資料同様に，視覚による読書や情報アクセスに困難のある人たちにも活用されている。

④手話や字幕入りの映像資料

　手話や字幕を挿入した映像資料のことで，主に聴覚障害のある児童生徒の利用を想定して作られている。聴覚障害のある児童生徒は，音声が聴こえない・聴こえにくい状態にあるので，映像資料の音声情報を手話や字幕で補うことが必要となる。

⑤手話（付き）絵本

　本文に対応した手話の写真やイラストが付いた冊子形態の手話付き絵本と，絵本の手話での読み語りを収めた映像資料の手話絵本がある。両者とも入手可能な作品数はまだ少ない。

⑥ LL ブック

　LL はスウェーデン語の Lättläst の略語で，平易な表現で読みやすいという意味である。つまり，LL ブックは平易な表現で読みやすく書かれた図書である。主に中学生以上の知的障害のある生徒や日本語能力に応じた支援を必要とする生徒に，生活年齢にあった内容のものを提供しようというのが LL ブックの基本コンセプトである。LL ブックは，1 つのページが，平易な表現で読みやすく書かれた文章，その文章の内容を示したピクトグラム（絵記号），絵や写真などから構成されている（図表2－5）。約50年前にスウェーデンで出版がはじまった LL ブックは現在では世界各国に広がっている。日本でも2000年代以降，出版される作品数が増えつつある。

図表2−5　LL ブックの例

片瀬江ノ島駅に　つきました。

タカ：「ロマンスカー、　はやかったね」

ハル：「うん。新宿駅から　1時間で
　　　ついちゃった」

タカ　　ハル　　えき　　おりる　　　でんしゃ　はやい

13

出典：野口武悟監修『タカとハルの江の島のたび〜小田急ロマンスカーにのって』専修大学アクセシブルメディ
　ア研究会　2013 年

⑥−2　ピクトグラム入り絵本

　知的障害のある乳幼児・児童などを主な読者対象としてピクトグラムを入
れた絵本も出版されている。ただし，入手可能な作品数は少ない。

⑦マルチメディア DAISY

　マルチメディア DAISY は音声に文章や画像を同期（シンクロ）させるこ
とができるようにしたメディアで，電子書籍の一種である。主にディスレク
シアをともなう学習障害のある児童生徒や知的障害のある児童生徒を中心
に，2000 年代以降，日本を含めて国際的に普及と活用が進みつつある。文
字の拡大，音声読み上げ，読み上げ部分の文字列のハイライトなどの機能（図
表2−6）を備え，現在，世界で最もアクセシブルな電子書籍とされる。学
校図書館向きには，CD-ROM に収めた形で販売や頒布されている。

図表2−6　マルチメディア DAISY の主な機能

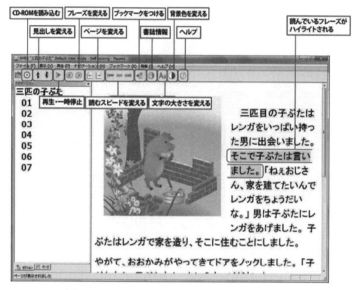

出典：日本障害者リハビリテーション協会のウェブサイト

⑧布の絵本

　布の絵本は，台布にフェルトなどを用いて絵を主にアップリケしたり刺繍
したりして作られた布製の絵本である。絵の部分は，マジックテープで着脱
可能にするなどの工夫を凝らしている作品が多い。学校では，比較的重い障
害のある児童生徒の発達を促したり，機能の回復を図る教材としても用いら
れている。もちろん，障害の有無に関係なく乳幼児からおとなまでだれもが
楽しめるメディアである。

　これらのメディアは，市販されているものもあるが，その数は限られてい
る。そこで，「著作権法」では，公共図書館や学校図書館などであれば，著
作権者の許諾なく障害のある人のために録音資料などへの複製（メディア変
換）を認める規定を設けている（第37条）。具体的には，第37条第1は，「公
表された著作物は，点字により複製することができる」と規定し，既存の図
書などをその著作権者に許諾なく「点字により」複製することを認めている。

　また，第37条第3項では，「視覚障害その他の障害により視覚による表現の認識が困難な者」のために，既存の図書などをその著作権者に許諾なく「利用するために必要な方式により」複製することを認めている。ここでいう「視覚障害その他の障害により視覚による表現の認識が困難な者」には，視覚障害のある人だけでなく，ディスレクシアをともなう学習障害のある人，知的障害のある人など，ほとんどの障害のある人を含んでいる。また，「利用するために必要な方式」には，録音だけでなく，文字の拡大化，マルチメディアDAISY化など多様な方式が含まれる。詳しくは，「図書館の障害者サービスにおける著作権法第37条第3項に基づく著作物の複製等に関するガイドライン」を参照してほしい。このガイドラインは，日本図書館協会のウェブサイト（https://www.jla.or.jp）に公開されている。

　ただし，こうした「著作権法」の規定があっても，学校図書館ですぐに取り組めるところは少ないだろう。なぜなら，だれがその実務を担うのかが課題となるからである。学校図書館の実務担当者（司書教諭，学校司書など）が担うとなると，負担がかかり過ぎてしまう。地域の公共図書館では，点訳や音訳などの専門性のあるボランティアを組織している。今後は，学校図書館においても，こうした人材の確保が必要となるだろう。

　ところで，「著作権法」第37条第3項では，複製だけでなく，公衆送信も著作権者に許諾なく行うことを認めている。この規定を活かして，「サピエ」と「視覚障害者等用データ送信サービス」という2つのオンラインサービスが運用されている。これらは学校図書館も申請して利用することができる。「サピエ」（https://www.sapie.or.jp）は，点字図書館（視覚障害者情報提供施設）の全国組織である全国視覚障害者情報提供施設協会が運営を行うサービスで，全国の点字図書館などが「著作権法」第37条にもとづいて複製した点字資料や録音資料などのデジタルデータ25万タイトル以上が登録されていて，ダウンロードして利用することができる。また，「視覚障害者等用データ送信サービス」は，国立国会図書館（https://www.ndl.go.jp）の提供するサービスで，同館や全国の公共図書館などが「著作権法」第37条にもとづいて複製した点字資料や録音資料などのデジタルデータのうち2万タイトル以上

をダウンロードして利用することができる。

　もちろん，学校図書館内にインターネットに接続できるコンピュータがないなど，こうしたサービスを利用できる環境にない学校図書館も少なくないだろう。その場合には，地域の公共図書館や点字図書館から点字資料や録音資料などを直接借りることも可能である。公共図書館によっては，障害のある児童生徒向けのさまざまなメディアを集めたセットを用意して学校図書館に貸出しているところもある。公共図書館や点字図書館に相談してみるとよい。

　なお，さまざまなメディアだけでなく，読書補助具も整備すると，障害のある児童生徒の読書や情報アクセスの可能性は格段に向上する。例えば，図書などを読むときに特定の行に焦点を集中させるリーディングトラッカー（図表2－7）は，ディスレクシアをともなう学習障害のある児童生徒などに有効な読書補助具として知られている。また，図書などを拡大して読みやすくする拡大読書器（図表2－8）も，弱視などの視覚障害のある児童生徒を中心に活用されている。このほかにも，拡大鏡，音声読書器など

図表2－7　リーディングトラッカーの例

筆者撮影

図表2－8　拡大読書器

写真提供：キハラ株式会社

さまざまな読書補助具があり，児童生徒のニーズに応じて整備を進めていきたい。

（2）日本語能力に応じた支援を必要とする児童生徒のニーズに応える メディア

　文部科学省が行った「日本語指導が必要な児童生徒の受入状況等に関する調査（平成 28 年度）」の結果によると，日本語能力に応じた支援を必要とする外国籍の児童生徒は 34,335 人であり，2014 年度の調査時に比べて 5,137 人（17.6％）も増加している。校種別内訳（人数）をみると，小学校 22,156 人，中学校 8,792 人，高等学校 2,915 人，義務教育学校 159 人，中等教育学校 52 人，特別支援学校 261 人となっている。また，児童生徒の母語別内訳（割合）をみると，ポルトガル語 25.6％，中国語 23.9％，フィリピノ語 18.3％，スペイン語 10.5％などであった。このほかに，帰国児童生徒や保護者の国際結婚により家庭内言語が日本語以外である児童生徒など，日本国籍の日本語能力に応じた支援を必要とする児童生徒も増えている。

　日本語能力に応じた支援を必要とする児童生徒のニーズに応えるためには，（1）児童生徒の日本語や日本文化の学習や理解に資するメディア，（2）児童生徒の母語で利用できるメディアの整備と提供が必要となる。

　（1）については，平易な日本語で読む，見る，聞くことのできる各種メディアに加えて，母語で作られた日本語や日本文化の学習や理解に資するメディアがあれば，それらも含まれる。「日本語学級」「国際教室」など日本語指導のためのクラスが設けられている学校であれば，その担任と相談しながらメディアの選択を行うとよいだろう。

　（2）については，前述の文部科学省の調査結果から明らかなように，ポルトガル語，中国語，フィリピノ語，スペイン語を母語としている児童生徒が大半を占めている。しかし，日本では，英語以外の言語のメディアの流通は多くない。また，流通していたとしても，高価であることも少なくない。購入して整備することが難しい場合には，近隣の公共図書館との連携によって借りて提供することも検討したい。近年は，「多文化サービス」に力を入

れている公共図書館もあり，こうした図書館ではさまざまな言語の図書などのメディアの整備に取り組んでいる。なお，国立国会図書館国際子ども図書館でも，子ども向けの外国語の図書などを多数所蔵しており，全国の学校図書館を対象とした「学校図書館セット貸出し」サービスを行っている。申込方法などの詳細については，同館のウェブサイト（http://www.kodomo.go.jp）を参照してほしい。

3 さまざまなメディアを扱える学校図書館組織の編成

以上，ここまで述べてきたさまざまなメディアを学校図書館として扱っていくためには，校務分掌など校内組織の見直しが欠かせない。現状として，図書や新聞などの紙ベースのアナログメディアは学校図書館，電子メディアなどのデジタルメディアはコンピュータ室とすみ分けている学校が多いのではないだろうか。そうなると，当然，担当の分掌も「図書」と「情報」で別となってしまう。メディアの扱いに"縦割り行政"が生じているのである。地域の公共図書館も大学図書館もアナログからデジタルまで幅広いメディアを扱っている現在において，学校図書館のこうした現状は時代遅れといわざるを得ない。

これからの時代の学校教育においては，学校図書館とコンピュータ室の機能を統合して，校内の総合的な「メディアセンター」となっていくことが求められる。そうすることで，学校図書館の「学習センター」「情報センター」「読書センター」の機能をさらに高めることが可能となり，学習活動や読書活動にこれまで以上に寄与できることだろう。

とはいえ，場所（部屋）の移動や統合は容易なことではない。実際，文部科学省の 2016 年度の調査では，学校図書館とコンピュータ室を統合ないし隣接させて一体的に整備している学校は，小学校 12.6%，中学校 8.2%，高等学校 4.6%，特別支援学校 9.4%に過ぎない。

まずは，校務分掌など校内組織における「図書」と「情報」の統合を進めることから始めたい。その上で，場所（部屋）は校内で離れていたとしても，

同一分掌のもとで学校図書館とコンピュータ室を一体的に運営していくのである。司書教諭は，時代の流れを的確に見据えて，校内組織の見直しを学校図書館の館長としての役割も担っている校長に働きかけていきたい。

（野口武悟）

〈参考文献〉
・全国学校図書館協議会監修『司書教諭・学校司書のための学校図書館必携：理論と実践（改訂版）』悠光堂　2017 年
・全国学校図書館協議会「シリーズ学校図書館学」編集委員会編『学校図書館メディアの構成（シリーズ学校図書館学 2 ）』全国学校図書館協議会　2010 年
・日本図書館情報学会用語辞典編集委員会編『図書館情報学用語辞典　第 4 版』丸善出版　2013 年
・野口武悟編著『一人ひとりの読書を支える学校図書館：特別支援教育から見えてくるニーズとサポート』読書工房　2010 年
・野口武悟・植村八潮編著『図書館のアクセシビリティ：「合理的配慮」の提供へ向けて』樹村房　2016 年
・堀川照代編著『「学校図書館ガイドライン」活用ハンドブック　解説編』悠光堂　2018 年
・堀川照代編著『「学校図書館ガイドライン」活用ハンドブック　実践編』悠光堂　2019 年

学校図書館のコレクション構築

1　コレクション構築の基本

　コレクション構築（蔵書構成，collection development または collection building）とは，「図書館蔵書が図書館のサービス目的を実現する構造となるように，資料を選択，収集して，計画的組織的に蔵書を形成，維持，発展させていく意図的なプロセス」[注1] をいう。コレクション構築とはその図書館に必要なメディアを選択，収集することだけを指すわけではない。収集したものを維持，管理することはもちろん，コレクションを総体として評価し，更新し，充実したものとしていくプロセスがコレクション構築には含まれている。

　図書館界では長年，メディアの選択をめぐって，価値論と要求論という2つの考え方を基礎とした議論が展開されてきた。価値論はメディアそのものの価値を重視する考え方であり，要求論は図書館利用者の求めていること，ニーズを満たすことにこそ意義があるという考え方である。学校図書館界でも，児童生徒に「読ませたい本」と児童生徒自身が「読みたい本」とのバランスをどう考えるかという問題は再三取り上げられてきた。価値論，要求論という選書をめぐる考え方について，学校図書館ではどのように理解したら良いのだろうか。

　学校図書館は学校の中にある図書館である。学校教育の目的や方針，教育課程の内容を前提に運営される点に公共図書館との違いがある。教育課程，教育方法への理解は，学校図書館のコレクション構築を適切に行う上で欠かせない。また，学校図書館は不特定多数をサービス対象とする公共図書館とは異なり，成長途上にある児童生徒を主な利用者としている。学校図書館のコレクション構築にあたっては，児童生徒の発達段階への深い理解も重要で

ある。学校図書館は常に，その学校の目指すべき方向性，児童生徒の姿を念頭に置いた判断をしなければならないといえよう。

　文部科学省が通知した「学校図書館ガイドライン」では，学校図書館のコレクション構築について，「学校は，学校図書館が「読書センター」，「学習センター」，「情報センター」としての機能を発揮できるよう，学校図書館資料について，児童生徒の発達段階等を踏まえ，教育課程の展開に寄与するとともに，児童生徒の健全な教養の育成に資する資料構成と十分な資料規模を備えるよう努めることが望ましい」と述べている。学校図書館のコレクション構築においては，「読書センター」「学習センター」「情報センター」の3つの学校図書館機能に沿った取り組みが求められる。

（1）学校図書館機能を発揮するためのコレクション構築

①読書センター機能を発揮するためのコレクション構築

　児童生徒の健全な教養の育成に資するため，各々の自由な読書を推進するとともに，読書の幅を広げていけるよう支援することも，変わらず学校図書館の大事な役割である。

　「学校教育法」では義務教育の目標の1つとして，「読書に親しませ，生活に必要な国語を正しく理解し，使用する基礎的な能力を養うこと」（第21条）が掲げられている。「子どもの読書活動の推進に関する法律」では，「子どもが，言葉を学び，感性を磨き，表現力を高め，創造力を豊かなものにし，人生をより深く生きる力を身に付けていく上で欠くことのできないものであることにかんがみ，すべての子どもがあらゆる機会とあらゆる場所において自主的に読書活動を行うことができるよう，積極的にそのための環境の整備が推進されなければならない」（第2条）ことが明記されている。

　「小学校学習指導要領」の総則編解説では読書について，「読書は，多くの語彙や多様な表現を通してさまざまな世界に触れ，これを疑似的に体験したり知識を獲得したりして，新たな考え方に出合うことを可能にするものである」と捉え，国語科を中心に各教科の特質に合わせて，言語活動の充実を図るよう求めている。また，言語能力を向上させる重要な活動の1つとして読

書活動を位置づけ，学校図書館の充実を求めている。このことは，中学校，高等学校，特別支援学校でも同様である。

　読書という概念はもはや創作物語，文学作品や小説を読むことにとどまらない。2018年に閣議決定された「子供の読書活動の推進に関する基本的な計画（第四次）」では，読書の意義について，「文学作品に加え，自然科学・社会科学関係の書籍や新聞，図鑑等の資料を読み深めることを通じて，自ら学ぶ楽しさや知る喜びを体得し，更なる探究心や真理を求める態度が培われる」と指摘している。ここでいう読書については「電子書籍等の情報通信技術を活用した読書」までを範疇としていることに着目したい。「小学校学習指導要領」では国語科において，「いろいろな本があることを知ること」（第1学年および第2学年），「幅広く読書に親しむこと」（第3学年および第4学年）を読むことの目標として掲げている。同解説によると，この場合の「いろいろな本」は「物語，昔話，絵本，科学的な読み物，図鑑など」が含まれ，「幅広い読書」は「多様な本や文章があることを知り，読書する本や文章の種類，分野，活用の仕方など，自分の読書の幅を広げていくこと」と捉えている。

　学校図書館がまずできることは，児童生徒の知的好奇心に訴えかけるコレクションを構築することである。社会的な物事に対する関心を深めること，科学的な現象を考究することを目的とした読書に応えるコレクション構築は必須の視点といえよう。1つのテーマでも，娯楽的な要素が強く，隙間時間に楽しむことができるもの，写真やイラストがふんだんに使われ，視覚的に楽しめるもの，科学的な知識についてより専門的な視点から検証を加えたものなど，さまざまな切り口がある。難易度なども考慮し，複数の角度からコレクションを構築することが望まれる。

②学習センター機能を発揮するためのコレクション構築

　学校図書館は，児童生徒の自発的，自主的な学習活動を支援し，授業の内容を深め，豊かにする学習センターとしての機能を有している。近年では，学校図書館のさまざまなメディアを用いて調べる学習（調べ学習，探究的な学習）が盛んに行われるようになってきている。言語活動や探究的な学習の拠点として，主体的・対話的で深い学びを推進することが期待されていると

もいえよう。

　例えば，総合的な学習の時間では，さまざまな事象について調べたり探したりする探究的な学習が行われる。そのため，多様なメディアを活用できる環境を整えることが重要である。「小学校学習指導要領解説」の総合的な学習の時間編では，「図書の適切な廃棄・更新に努めること等により，最新の図書や資料，新聞やパンフレットなどを各学年の学習内容に合わせて使いやすいように整理，展示したり，関連する映像教材やデジタルコンテンツをそろえていつでも利用できるようにしたりしておくこと」を求めている。調べ学習や探究的な学習は総合的な学習の時間だけで行われるわけではない。各教科の中でも，さまざまな情報や知識，知見を駆使して調べたことをまとめ，発表する学習が行われる。学習センター機能を発揮するためのコレクション構築は今後，ますます重要になるといえよう。

　もちろん，教科の単元学習で学んだことへの興味を広げたり，深めたりすることのできるコレクション構築も欠かせない。教科の学習で得た興味や疑問を各々の視点，ペースで自由に追究できるのが学校図書館という場である。学校図書館は，学問，研究への入り口を拓く役割をも担っている。

　教科の学習に対応したコレクションと同じくらい重要なのは，特別活動や課外活動における情報ニーズに対応したコレクションである。修学旅行の事前学習では訪問先の土地の歴史や名所旧跡について調べる機会がある。文化祭の準備で模擬店の装飾を考える際にも学校図書館のコレクションは有用である。運動部の部員全員で競技ルールを学ぶ際にはスポーツのルールブックが，料理部で物語に登場する菓子を作る際にはレシピブックや文学作品が役に立つ。

　以上のように，学習センター機能を発揮するためのコレクションの内容は多岐にわたることがわかる。学校図書館のコレクション構築は，教育課程や教育方法への理解が土台にあってはじめて実現されると心得ておきたい。

③情報センター機能を発揮するためのコレクション構築

　学校図書館は，児童生徒や教職員の情報ニーズに対応するとともに，児童生徒の情報の収集・選択・活用能力，いわゆる情報活用能力を育成する役割

をも担っている。

情報活用能力の指導で第一に考えたいのは，参考図書（レファレンスブック）の使い方の指導である。参考図書（レファレンスブック）は，特定の知識や概念を把握したり，ことばの定義を確認する目的で用いられる。具体的には，百科事典，国語辞典，漢字辞典，図鑑，年鑑などがある。これらは児童生徒の情報ニーズに応えるとともに，情報活用能力の育成に欠くことのできないメディアである。

新聞，雑誌，パンフレット，リーフレット，地図なども情報の入手や活用を行う上で有効なメディアである。新聞を教材として活用する教育（NIE=Newspaper in Education）は全国に広まりを見せ，テーマを決めて新聞記事を集め，感想などをつけて「スクラップ新聞」を制作する学習，選挙に際し，政党や候補者の主張と問題点を新聞記事から調べる学習などが試みられている。新聞記事や雑誌記事，パンフレット，リーフレット，地図などは必要部分のみを切り抜き，保存するなどして，テーマごとにファイル資料を作成すると活用の幅が広がる。

情報は図書や雑誌，新聞等の印刷メディアだけに収録されているわけではない。CD-ROM，DVD-ROMのパッケージ系電子メディアの他，音楽のCDや映像のBDなどの視聴覚メディア，インターネット上のネットワーク情報資源，実物資料も大事なメディアである。情報活用能力とは単に百科事典を使いこなせること，メディアから必要な情報を探索できることにとどまらない。自身の情報探索の目的に応じて，メディアの特性を踏まえた使い分けをできるようにすることが重要である。図書以外のメディアを収集する意義はここにある。

④教員の教育活動をサポートするためのコレクション構築

教員の教育活動を支えるためのコレクションを構築し，教材研究や授業づくりの支援をすることも学校図書館の大事な役割である。学校の教育活動には当然のことながら職員も携わるが，ここでは教員が行う教育活動に的を絞って説明する。

教員が教科指導で活用するメディアには児童生徒の学習に直接必要とされ

るものの他に，教員が自身の授業を計画する際に必要となる情報，知識がまとめられているものがある。前者については，学習センター機能を発揮するためのメディアと言い換えられる。後者のメディアについては，出版社が教材研究，教材開発用に作成したもの，教育関係の専門書，専門誌・情報誌のほか，一般的な図書も役に立つ。新聞記事などの切り抜きを収めたファイル資料は教科の授業で取り上げる題材を考える際にも使える。

　もう1つ付け加えておきたいのが，その学校の教育活動において生み出された資料（自校独自の資料）の存在である。まず，児童生徒が学習の過程で作成した作品，教員が自身の授業のために作成した教材が考えられる。児童生徒の作文，論文，絵，工作，ポスター，成果発表のために作成されたレジュメ，プレゼンテーション資料などは，子どもたちにとっては自分たちの学習の参考資料であり，教員にとっては授業づくりの参考資料になる。自校独自の資料には学校要覧，卒業アルバム，PTA会誌なども含まれる。これらは教員がその学校の歴史を知ることのできる貴重な資料である。

　学校図書館は教員の教育活動を支援する機能をも有している。しかし，学校図書館がそのような機能を持っていることを知らない教員も多い。「学校図書館ガイドライン」では司書教諭の職務の1つとして，「学校図書館を活用した授業における教育指導法や情報活用能力の育成等について積極的に他の教員に助言する」ことを掲げている。学校図書館のコレクションは，教員の教育活動を支えるための基盤である。教員の教育活動を学校図書館がコレクションの面からバックアップすることは，学校の教育課程の展開への寄与につながる。

（2）コレクション構築のプロセス

　学校図書館は教育課程の展開に寄与し，児童生徒の健全な教養を育成することを目的に運営される。その学校の教育方針や教育課程，児童生徒の状況，学校図書館運営の方向性を踏まえることなくして，学校図書館のコレクション構築はできない。

　学校図書館のコレクション構築は，次の図のプロセスで捉えることができ

る。

図表3－1　コレクション構築のプロセス

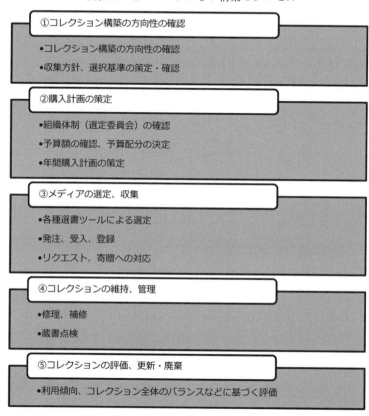

① コレクション構築の方向性の確認

　最初に行うのは，コレクション構築の大きな方向性を確認することである。
コレクション構築の方向性を見定めるにあたり，最も重視すべきなのは自校
の教育方針，教育目的，教育内容，教育方法および児童生徒の状況である。
学校図書館のコレクション構築が常に目指すべきところは，「学校図書館法」
にもあるように「学校教育を充実すること」である。そのことを肝に銘じたい。

　一貫した方針のもとにコレクション構築を行うために必要となるのが，収集方針，選択基準および廃棄基準である。担当者が変わっても同じ方針で持続的な選定および廃棄を行うために基準は不可欠である。児童生徒からのリクエストをどの範囲で受け入れるか，どのような基準で購入可否を判断するかについても方針を定めておく必要がある。基準がない場合は作成を検討する。作成した基準は全教職員の理解を得た上で確定するようにしたい。

②購入計画の策定

　コレクション構築にあたっては，計画段階から各教科，各学年の代表者からなる選定委員会を組織し，さまざまな角度から選定を行う体制づくりが重要である。定期的に選定委員会を開催し，児童生徒のリクエストや教科の学習に対応できるようにしたい。

　年度はじめには，その年度の図書予算を確認し，おおよその予算配分を決定し，年間購入計画を策定する。なお，コレクション構築の計画は，年度ごとに策定するだけでなく，中期計画，長期計画も視野に入れたい。とくに高額な参考図書（レファレンスブック）は慎重に選択を行い，優先順位を決めた上で計画的に購入していくようにしていくと良い。

③メディアの選定，収集

　選定委員会での議論ののち，メディアの選定が行われる。選定については，複数の選定ツールや情報源を活用しながら行う。

　メディアの選定が終了した後は，発注と受入の段階に進む。図書や視聴覚メディア（CD，DVD）などは学校で契約している業者を介して発注する。継続刊行物（新聞，雑誌）は年間契約を交わし，次号が出るたびに自動的に納品されるようにしておく。購入したメディアは，学校の規程・規則に沿って受け入れる。収集したメディアは長期的な利用を見込んで学校資産とするもの（備品）と，一時的な利用を想定するもの（消耗品）に区分した上で登録することもある。

　学校図書館で収集するメディアは予算の範囲内で購入するものに限らない。自治体や民間団体，PTA，卒業生などから寄贈を受けることがある。一般に流通していないパンフレットやリーフレットなどを収集し，コレク

ションとして受け入れることもある。とくに寄贈本の扱いは注意が必要である。それを受け入れるか否かの判断のよりどころは，他のメディアを選定する時と同じく，収集方針，選択基準である。

④コレクションの維持，管理

　選定，収集したメディアは登録，組織化の作業を経て，利用者に提供される。学校図書館のコレクションは活用されればされるだけ，破損したり，汚れが生じたり，配架されるべき場所とは違う場所に混入したり，紛失したりするものである。しかし，紛失や汚損を恐れて，児童生徒や教員にとって使いにくい図書館となっては本末転倒である。皆が気持ちよく使える空間になるよう，書架の点検，破損・汚損したメディアの補修に日常的に取り組むことも大切な図書館業務である。

　年に一度は蔵書点検を行うようにしたい。蔵書点検は所蔵するメディアが存在しているかを確認するだけでなく，コレクションの現状を把握し，評価につなげる目的もある。

⑤コレクションの評価，更新・廃棄

　学校図書館のコレクション構築は必要なメディアを選定し，提供できる形にして終わりではない。「学習指導要領」の改訂や学校の教育内容の変更などにより，児童生徒が学ぶ内容は常に変わり続ける。児童生徒の興味関心，情報ニーズに関してもいつまでも変わらないということはあり得ない。一旦受け入れたメディアであっても，社会情勢の変化や新たな研究の進展にともない，その内容が古くなってしまうということはある。コレクションは定期的に評価を行い，その結果にもとづき更新，廃棄を行っていく必要がある。

　コレクションの評価は量的な観点はもちろんのこと，質的な観点からも行いたい。コレクション全体を見渡し，不足しているジャンルがないか，学校の教育活動に照らして重点的に収集すべきジャンル，テーマは何かを検討する。コレクション評価の結果を踏まえ，新規購入が必要な分野，テーマについては次年度以降の購入計画に反映する。利用が見込めないメディアは配置換えや廃棄をするなどして対応する。

2　メディアの選択と収集方針，組織体制の確立

　文部科学省の「学校図書館ガイドライン」では，学校図書館におけるメディアの選定について，以下の3つの視点を示している。

・学校は，特色ある学校図書館づくりを推進するとともに，図書館資料の選定が適切に行われるよう，各学校において，明文化された選定の基準を定めるとともに，基準に沿った選定を組織的・計画的に行うよう努めることが望ましい。
・図書館資料の選定等は学校の教育活動の一部として行われるものであり，基準に沿った図書選定を行うための校内組織を整備し，学校組織として選定等を行うよう努めることが望ましい。
・学校は，図書館資料について，教育課程の展開に寄与するという観点から，文学（読み物）やマンガに過度に偏ることなく，自然科学や社会科学等の分野の図書館資料の割合を高めるなど，児童生徒及び教職員のニーズに応じた偏りのない調和のとれた蔵書構成となるよう選定に努めることが望ましい。

　学校図書館のコレクションを適切に構築していくためには，選定の基準を成文化すること，選定のための組織を整備し，組織的・計画的な選定を行うことが欠かせない。本節では，学校図書館においてメディアを選定するための方針策定と組織体制の確立方法を中心に述べる。

（1）メディアを選定するための基準類の策定

　学校図書館におけるメディアの選定には，成文化された基準が不可欠である。一定の方針のもと，学校図書館のコレクション構築を行うための収集方針，一点一点の本を選定する際のよりどころとなる選択基準を定め，全教職員の理解を得ることが望ましい。
　なお，コレクションの数量的な目安としては，文部省が1993年に定めた

「学校図書館図書標準」がある。「学校図書館図書標準」とは，公立義務教育諸学校の学校図書館に整備すべき蔵書の標準である。例えば，12学級を有する小学校であれば7,960冊，中学校であれば10,720冊が標準となる。注意すべきは，図書のみを対象にしている点，高等学校および中等教育学校の後期課程，特別支援学校の高等部は対象外である点である。図書以外のメディアについては，全国学校図書館協議会の「学校図書館メディア基準」などを参照する必要がある。

図表3－2　学校図書館図書標準における小学校，中学校の標準冊数

小学校		中学校	
学級数	蔵書冊数	学級数	蔵書冊数
1	2,400	1～2	4,800
2	3,000	3～6	4,800 + 640 ×（学級数－2）
3～6	3,000 + 520 ×（学級数－2）	7～12	7,360 + 560 ×（学級数－6）
7～12	5,080 + 480 ×（学級数－6）	13～18	10,720 + 480 ×（学級数－12）
13～18	7,960 + 400 ×（学級数－12）	19～30	13,600 + 320 ×（学級数－18）
19～30	10,360 + 200 ×（学級数－18）	31～	17,440 + 160 ×（学級数－30）
31～	12,760 + 120 ×（学級数－30）		

①収集方針

　収集方針は，その学校の教育方針，教育目的に沿ったものでなければならない。学校図書館で選定したメディアに意見や指摘が寄せられた際，そのメディアがどのような方針のもとに収集されたものなのかを説明する根拠にもなる。

　学校図書館コレクションの収集方針はどのような内容であるべきだろうか。甲南高等学校・中学校図書館収集方針（2002年制定，2013年最終改訂／http://www.konan.ed.jp/lib/act/index.html）を例に考える。

　甲南高等学校・中学校図書館収集方針は，以下の項目から構成されている。

　1．図書館の収集する資料

　2．図書館の基本資料

3．リクエスト

　まず,「図書館の収集する資料」として,甲南高等学校・中学校図書館では,図書,継続刊行物,視聴覚メディア（ビデオ・DVD など）,パンフレット・リーフレット・ちらしなどを収集することを明示している。文部科学省の「学校図書館ガイドライン」では,学校図書館に備えるべきメディアについて,「図書資料のほか,雑誌,新聞,視聴覚資料（CD, DVD 等）,電子資料（CD-ROM,ネットワーク情報資源(ネットワークを介して得られる情報コンテンツ)等）,ファイル資料,パンフレット,自校独自の資料,模型等の図書以外の資料が含まれる」としている。自校の教育内容や児童生徒の状況に応じて,適宜定めると良い。

　次に,「図書館の基本資料」として,どのような分野,ジャンルの図書を収集するのかを明らかにしている他,基本資料以外に特段収集する資料の分野,種類（授業関連資料,教員推薦資料,教育研究資料,学年文庫,各教科準備室保管資料）を具体的に明示している。甲南高等学校・中学校図書館の場合,基本資料となる資料はレファレンスツール,読みもの,郷土資料,学園資料の他,学校の教育内容が反映された資料群（国際交流関連資料,英語科ライブラリ関連資料,職業・資格関連資料,時事問題関連資料）である。加えて重要なのは,「宗教・政党等に著しく偏りがみられるもの,人権を侵害するものなどは収集の対象外とする」と収集しないメディアについても言及していることである。寄贈など受け入れの判断に迷うケースが生じた際,収集の範囲外とする分野,内容についても成文化しておくと,対外的に説明がしやすくなる。

　最後は「リクエスト」に関する規定である。甲南高等学校・中学校図書館では「リクエストには利用者の知る自由を保障するために,原則として応えるものとする」とした上で,判断しかねるケースについては図書館運営委員会で検討するとしている。学校図書館の担当者の独断でリクエストの可否を決めているわけではないことを示すためにも,組織的に対応しているという一文は重要である。加えて,リクエストに応えられなかった場合の対応,リ

クエスト対象外とするメディアについても具体的に示している。

　収集方針は学校の教育内容の変更，児童生徒の情報ニーズの変化などに応じて，定期的に見直していくことが望ましい。改訂の都度，全教職員の理解を得ることも欠かせない。

②選定（選択）基準

　学校図書館におけるメディアは先に説明した収集方針に沿って，選定，収集，提供される。実際にメディアを選定する際には，選定（選択）基準にもとづいて判断することとなる。

　学校図書館においてメディアを選定する際に役立つ基準としては，全国学校図書館協議会の「図書選定基準」がある。この選定基準は，全国学校図書館協議会が学校図書館向けの図書を選定する際に利用しているものである。内容は，一般基準と部門別基準から構成される。一般基準ではどの分野，内容の本にも共通して適用可能な評価項目が「内容」，「表現」，「構成」「造本・印刷」別に示されている。部門別基準では，百科事典・専門事典，年鑑・統計・白書類，地図帳，学習参考書，地域に関する図書，まんが，伝記などの形態別，分野別に具体的な評価指針が示されている。

　その他，全国学校図書館協議会は，「絵本選定基準」，「コンピュータ・ソフトウェア選定基準」を制定，公表している。これらも必要に応じて活用したい。

（2）組織体制の確立

　メディアの選定については，学校組織として取り組むことが重要である。収集方針や選定基準は，学校図書館コレクションを構築するにあたって大きな方向性を確認，共有するために作成するものである。方針や基準があるからといって，司書教諭や学校司書だけで選定を行っては偏りが生じる可能性があり，望ましいことではない。校内に選定委員会を組織し，各教科，各学年の代表者に参加してもらう体制を作る必要がある。各教科，各学年の教育課程および児童生徒の状況，その年度の学校行事の方針，内容などを一番把握しているのは，教科，学年の教員である。司書教諭は全校の教育活動に目

配りし，図書館活用教育をコーディネートしていく立場にあるが，すべての
教育内容，教育方法を熟知するのは困難である。選定委員会に参加する教員
だけでなく，各教員と常日頃から連携を取り，児童生徒の学習活動に必要な
メディア，教員の授業計画に必要なメディアを収集できるよう心掛けたい。

　中学校，高等学校では生徒が学校図書館のメディアの選定にかかわるケー
スもある。関西学院中学部では，生徒から寄せられたリクエストの一次審査
を生徒会図書部に所属する生徒が担当している。このような取り組みは学校
図書館の運営や所蔵するメディアが選定される過程を自分ごととして捉える
良い機会にもなる。自分の意見を学校図書館の運営に反映させられるという
実感は，学校の構成員としての責任感にもつながっていくことだろう。生徒
にメディアの選定にかかわりを持たせる際には，学校図書館の目的，収集方
針・選定（選択）基準の内容，利用者のプライバシーなどについて指導，助
言することも忘れてはならない。

3　学校図書館メディア選択のためのツール

　図書館においてメディアを選定する際には可能な限り，現物を一点一点，
手に取って評価することが理想的である。しかし，実際には過去の出版物を
含め，すべてを現物で確認するのは困難である。担当者の時間的な限界もあ
る。実際には，メディアの選定を手助けするさまざまな情報源を駆使し，そ
の学校図書館の選定（選択）基準に照らして適切なメディアを選択していく
ことになる。本節では，学校図書館におけるメディアの選定に役立つ各種ツー
ルや情報源を紹介する（2021 年 9 月現在）。

（1）学校図書館向け（児童生徒向け）出版情報が得られるツール

　以下に紹介するツールには，学校図書館で利活用可能な出版物や児童生徒
向けに企画された出版物に関する情報が網羅的に掲載されており，大いに参
考になる。また，特定の対象に勧めたい図書やあるテーマに関連した図書を
紹介するブックリストも出版されている。近年出版されたものだけではなく，

古典的な基本書も押さえられているため，自館に不足しているジャンルを補強したい場合にも役立つ。

① 定期的に発行される情報誌・リスト

・『学校図書館速報版』全国学校図書館協議会（隔週刊）

　　学校図書館に適した図書として選定された「全国学校図書館協議会選定図書」のリストが毎号掲載される。年間約7,000点の図書が選定図書として紹介される。

・『乳幼児・小学生のための絵本ガイド』日本児童図書出版協会（年刊）

・『小学生・中学生のための読書ブックガイド』日本児童図書出版協会（年刊）

　　『こどもの本』日本児童図書出版協会（月刊）において前年度に紹介された新刊からピックアップし，対象年齢別に紹介。内容解説と表紙写真付き。

・『えほん50』全国学校図書館協議会（年刊）

　　2016年まで実施されてきた選定事業「よい絵本」を引き継ぎ，１年間に出版された絵本の中から優れた絵本を顕彰する「日本絵本賞」の成果をふまえた絵本リストとして，2019年にリニューアルされた。選定絵本リストは全国学校図書館協議会のウェブサイトで公開されている（https://www.j-sla.or.jp/recommend/ehon50.html）。

・『児童図書選書のための総合ブックカタログ Luppy（るっぴぃ）』トーハン（年刊）

　　小学校・中学校・公共図書館に向けた児童図書選書用のカタログ。オールカラーで，教科別，ジャンル別に探すことができる。

・『ヤングアダルト図書総目録』ヤングアダルト図書総目録刊行会（年刊）

　　中学生，高校生向けの図書に関する目録。著者名，シリーズ名でも検索可能な索引付き。

・「Web版児童図書総目録」日本児童図書出版協会

　　児童書出版社（82社）が発行する図書を掲載。タイトル，著者名，発

行年の他，フリーワードや対象読者（年齢）などによる絞り込みも可能である（http://www.kodomo.gr.jp/）。

②児童生徒向けのブックリスト

・対馬初音『小学生のうちに読みたい物語：学校司書が選んだブックガイド』少年写真新聞社　2018年

・金原瑞人，ひこ・田中監修『13歳からの絵本ガイド YAのための100冊』西村書店　2018年

・東京・学校図書館スタンプラリー実行委員会編著『学校図書館の司書が選ぶ小中高生におすすめの本300』ぺりかん社　2017年

・金原瑞人，ひこ・田中監修『今すぐ読みたい！ 10代のためのYAブックガイド150！』ポプラ社　2015年

・金原瑞人，ひこ・田中監修『今すぐ読みたい！ 10代のためのYAブックガイド150！2』ポプラ社　2017年

・日本子どもの本研究会『新・どの本よもうかな？ 小学校１・２年生』国土社　2011年

・日本子どもの本研究会『新・どの本よもうかな？ 小学校３・４年生』国土社　2011年

・日本子どもの本研究会『新・どの本よもうかな？ 小学校５・６年生』国土社　2011年

・日本子どもの本研究会『新・どの本よもうかな？ 中学生版 日本編』金の星社　2014年

・日本子どもの本研究会『新・どの本よもうかな？ 中学生版 海外編』金の星社　2014年

・世界とつながる子どもの本棚プロジェクト編著『多文化に出会うブックガイド』読書工房　2011年

・健康情報棚プロジェクト，NPO法人からだとこころの発見塾編『からだといのちに出会うブックガイド』読書工房　2008年

（2）一般的な出版物の状況を網羅的に知ることのできるツール

①一般書誌

　多数の出版物の情報を網羅的に収集し，一定の規則にもとづき配列したリストのことを一般書誌という。書誌情報の他，簡単な内容紹介や書影が掲載されていることもある。一般に流通していないものもあるため，書店に問い合わせると良い。

- ・『ウィークリー出版情報』日販図書サービス（週刊）
- ・『週刊新刊情報』トーハン（週刊）
- ・『週刊新刊全点案内』図書館流通センター（週刊）
- ・『これから出る本』日本書籍出版協会（隔週刊）
- ・『アクセス 地方小出版情報誌』地方・小出版流通センター（月刊）
  　地方出版社や少部数の出版物を紹介する情報誌。
- ・『BOOK PAGE 本の年鑑』日外アソシエーツ（年刊）

②インターネット上の出版情報サイト

　インターネットからは新刊本に関する情報だけではなく，電子書籍や古書に関する情報，図書以外のメディアに関する情報が得られる。代表的なものを紹介する。

- ・「Pub DB 出版書誌データベース」日本出版インフラセンター
  　各出版社から提供された出版物（電子書籍を含む）のデータを検索できる。2019年1月に日本書籍出版協会の「Books」の書籍情報を移行（https://www.books.or.jp/）。
- ・国立国会図書館「国立国会図書館サーチ」
  　国内で発行された出版物および外国で発行された日本語出版物の書誌情報を検索することができる（https://iss.ndl.go.jp/）。なお，JAPAN/MARCのデータは2021年9月現在，国立国会図書館のサイトからダウンロード可能となっている。
- ・「本と出版流通」地方・小出版流通センター
  　地方出版・少部数出版物の新刊情報を知ることができる（http://neil.

chips.jp/）。
- ・「日本の古本屋」東京都古書籍商業協同組合

  全国古書籍商組合連合会加盟の古書店のうち，同サービスに参加する書店が所有する書籍等を検索することができる。絶版本を入手したい場合に便利である。購入も可能（https://www.kosho.or.jp/）。

③オンライン書店

オンライン書店の中には，雑誌，CD，DVD，電子書籍などを広く扱っている場合もある。出版情報を得るツールとして活用できる。

- ・トーハン「e-hon」（https://www.e-hon.ne.jp/bec/EB/Top）
- ・Amazon「amazon.co.jp」（https://www.amazon.co.jp/）
- ・大日本印刷「honto」（https://honto.jp/）
- ・紀伊國屋書店「紀伊國屋書店ウェブストア」（https://www.kinokuniya.co.jp/）
- ・日本電子書籍出版者協会「電子文庫パブリ」（https://www.paburi.com/paburi/Default.asp）

（3）専門誌，書評誌，読書情報サイト

　一般的な新聞，雑誌に掲載される書評も，学校図書館におけるメディアを選定する際に参考になる。各出版社が発行するPR誌（一例をあげると，岩波書店『図書』，新潮社『波』，筑摩書房『ちくま』など）にも新刊紹介のコーナーがある。最近では個人の読書の感想や書評を掲載，共有する書評サイトもある（ブクログ（https://booklog.jp/），読書メーター（https://bookmeter.com/）など）。出版者や書店がウェブ上で運営する書評サイトとは視点の異なる，読者の生の声を把握することができる。多様な観点からの選定を目指すために，書評にもできる限り目を通すようにしたい。

①図書に関する専門誌

- ・『週刊読書人』読書人（週刊）
- ・『図書新聞』図書新聞（週刊）
- ・『本の雑誌』本の雑誌社（月刊）

- 『ダ・ヴィンチ』メディアファクトリー（月刊）
- 『青春と読書』集英社（月刊）
- 『asta*』ポプラ社（月刊）

②子どもの本に関する書評誌

- 『子どもの本』日本児童図書出版協会（月刊）
- 『子どもの本棚』日本子どもの本研究会（月刊）
- 『子どもと読書』親子読書地域文庫全国連絡会（隔月刊）
- 『こどもとしょかん』東京子ども図書館（季刊）

③絵本や読み聞かせに関する情報誌

- 『この本読んで！』出版文化産業振興財団（季刊）
- 『MOE』白泉社（月刊）

④読書情報サイト

- 朝日新聞「好書好日 Good Life with Books」（https://book.asahi.com/）
- 読売新聞「本よみうり堂」（https://www.yomiuri.co.jp/culture/book/）
- メディアファクトリー「ダ・ヴィンチニュース」（https://ddnavi.com/）
- 紀伊國屋書店「書評空間 KINOKUNIYA BOOKLOG」（https://booklog.kinokuniya.co.jp/）
- ヴィアックス「本のこまど」（https://viax-childrensbooks.jp/）
- ひこ・田中「児童文学評論（メールマガジン）」（https://www.mag2.com/m/0000001208.html）
- 東京学芸大学学校図書館運営専門委員会「先生のための授業に役立つ学校図書館活用データベース」（http://www.u-gakugei.ac.jp/~schoolib/htdocs/）

（4）図書（和書）以外のメディアを選択するためのツール

ここでは，継続刊行物，障害者向け資料，洋書，視聴覚メディア（音楽分

野），パッケージ系電子メディアを選定する際に役立つツールを紹介する。

①継続刊行物

　メディア・リサーチセンター『新聞雑誌総かたろぐ』（年刊）は，国内で発行されている新聞・雑誌をはじめ，ムック本，学会誌や紀要などの定期刊行物に関する情報が網羅されている（2019 年発刊号をもって休刊）。

　雑誌に関する情報誌には他に，日本雑誌協会『マガジンデータ』（年刊），「全国官報販売協同組合」のウェブサイトがある。全国官報販売協同組合のサイトでは政府刊行物，官報に関する情報が得られ，購入も可能である（https://www.gov-book.or.jp/）。

②障害者向け資料

　「国立国会図書館サーチ：障害者向け資料検索」では，国立国会図書館をはじめ，全国の公共図書館，公文書館，美術館や学術研究機関等が所蔵する障害者向け資料（点字図書，DAISY，録音図書，大活字本）を検索することができる。全国視覚障害者情報提供施設協会「サピエ図書館」に収録されている点字図書，録音図書も検索可能（https://iss.ndl.go.jp/）。

③洋書

　Books in Print は，契約制の洋書検索サイトである（https://www.booksinprint.com/）。※ ID，PSW が必要

　Book Finder.com は，新刊および古書や絶版本を対象に，複数の書店データベースを横断検索することができる（https://www.bookfinder.com/）。

④視聴覚メディア（音楽分野）

　音楽 CD に関する情報を得られる情報源としては，音楽出版社『CD ジャーナル』，音楽之友社『レコード芸術』がある。

⑤パッケージ系電子メディア

　学校向けに販売されている DVD，ビデオ，CD，コンピュータソフトを収録しているのが日教販「ソフトウェア・カタログ」である。

（5）その他の選定方法

　ここまで，学校図書館におけるメディアの選定に役立つツールを解説して

きた。最後に，その他の有効な選定方法をいくつか紹介したい。

　本節の冒頭でも述べたように，学校図書館のコレクションは現物を実際に手に取り，内容を確認した上で選定する方法が最適であることはいうまでもない。現物に直接触れながら選定を行う仕組みとしては，以下の方法がある。

①見計らい

　「あらかじめ書店に一定の範囲を示し，納品された資料をチェックして採否を決定する資料購入方法」[注2]である。メリットは，図書館の担当者だけでなく，他の教員にも選定候補をチェックしてもらえる点である。しかし，一度に確認できる数量は限られている。

②書店に自ら足を運ぶ

　気軽に実行できるが，店頭に並べられている図書の多くはその時の新刊である点に注意が必要である。

③店頭選書

　「実際に店舗で図書を見て，その場で購入候補を確保し，後日，学校に持ってきてもらい選定会議で判断する」[注3]という方法である。最近では高等学校を中心に，生徒が店頭選書に参加し，彼らのニーズを学校図書館のコレクションに反映させるという取り組みが普及している。

④図書展示会に参加する

　取次会社などにより，図書展示会が開催されることもある。機会があれば複数の教員で参加すると良い。出版社によっては学校に図書を運び入れ，一定期間展示し，教員が自由に手に取って選定を行うことができる機会を提供している場合もある。

⑤他校の学校図書館を見学する

　近隣の学校図書館，または活発な実践を行っていると評価されている学校図書館を見学し，コレクションの状況を観察するのも良い方法である。学校図書館で最低限備えておくべき基本図書を確認する，調べ学習，探究的な学習での活用状況を担当者に確認するなどすると，自校のコレクション構築の参考になろう。その学校の図書館だよりに掲載されている新刊案内も役に立つ。さまざまな図書館のコレクションを観察することはメディアを選定する

力を鍛えることにもつながる。

　さらには，他校の司書教諭，学校司書，近隣の公共図書館員と日頃から情報交換を行うなど，ネットワークを築いておくこともおすすめしたい。ベテラン司書の経験知にもとづく評価，利用者の実際の反応にもとづく口コミは，選定の際の有力な情報となり得る。最近では SNS（Twitter, Facebook など）を活用した図書館員同士の交流も活発に行われている。例えば，Facebook には学校図書館の実践や情報交換を目的とするコミュニティがいくつか開設されている。代表的なものを 1 つ紹介しておく。「学校図書館の友」コミュニティは承認制であるが，学校図書館関係者であればだれでも参加可能であり，活発な情報交換が日常的に行われている。

　学校図書館のコレクション構築は組織的に取り組む必要があるが，実際の実務では司書教諭，学校司書が一人で逡巡しなければならない場面が多々ある。学校によって方針や状況が異なる場合もあり，アドバイスを求めたい局面は新人，ベテラン問わずあり得る。気軽に相談，助言が受けられるコミュニケーション手段を築いておくことは重要であろう。

4　ファイル資料の整備

　ファイル資料とは，児童生徒の学習に活用することを目的に，さまざまな情報を一定の体系にしたがって整理，分類し，ファイルなどに保存・収納したものをいう。情報ファイル，インフォメーションファイルと呼ぶこともある。ファイル資料として整理するメディアには，パンフレット，リーフレット，ちらし，写真，地図などが含まれる。

　学校図書館の調べ学習，探究的な学習で扱われるテーマは多岐にわたる。場合によっては，市販のメディアでは思うような情報が得られないこともある。例えば，その地域特有の行事や文化・風習について調べるとする。東北地方，九州地方など大きな括りであれば，市販のメディアでも十分に対応可能であるが，さらに特定の市町村，特定の地区について調べたいという場合

は既存のメディアでは十分に調べることはできない。このような場合は，自治体が発行している広報誌，各種パンフレットやリーフレット，博物館や民間団体が発行する資料などが役に立つだろう。新聞の地域面に知りたい情報が掲載されていることもある。しかし，これらはそのままの状態で保存するだけでは使い勝手が悪い。一定のルールで分類，整理し，保存することではじめて活用が可能となる。

（1）ファイル資料の種類

　ファイル資料を作成する際には，主に以下の形態のメディアを対象に含めて考えると良い。

①パンフレット，リーフレット

　パンフレットとは，「分量が数ページから数十ページと少なく，きわめて簡易な方法でとじてある冊子体の印刷資料」(注4) のことをいう。ユネスコでは表紙を除き，少なくとも5ページ以上48ページ以下に印刷された非定期刊行物と定義し，図書や雑誌と区別している。リーフレットとは，「印刷した1枚の紙を1回折って，2ページないし4ページの冊子体にした印刷資料」(注5) のことをいう。1枚の紙を2回以上折ることで，観音開きや蛇腹折りの形態をとっているものもある。

　パンフレット，リーフレットは形態によって区別されるが，一時的に周知したい情報が収録される点や管理の方法はほぼ変わらない。多くの人に情報を届けるために，文字だけでなく，写真やイラストなどを多用し，視覚に訴える仕掛けをしていることが多い。

　官公庁や自治体が地域の情報をわかりやすくまとめ，伝えるために作成する資料はとくに郷土学習の際に有用である。市町村が発行する広報誌はカラフルなパンフレット形式になっていることが多い。また，それらパンフレット，リーフレットはその地域でしか入手不可能なため，発行情報を見逃さないよう注意したい。その他，博物館，公益団体，民間団体（会社，観光地の施設など）等が発行する広報物，資料集，宣伝目的に発行されたものの中にも調べ学習，探究的な学習で使えるものがたくさんある。

②ちらし（一枚もの）

　ちらしは一枚もの，ビラ，ポスターなどとも呼ばれる。1枚の紙の全面（片面または両面）を用いて印刷されるもので，通常は広げたままで読むことを前提としている。

　団体や企業が配布しているちらしには，自分たちの活動をPRするもの，イベントの開催を知らせるものなどがある。なかには学習の参考になる情報がコンパクトにまとまっているものもあるので，必要な時に取り出して掲示する，必要な部分のみ切り抜いて活用するなどといったことも考えたい。

③切り抜き資料（クリッピング資料）

　新聞や雑誌，パンフレット，リーフレットなどに収録されている情報の中から，必要な部分を切り抜いて整理した資料のことを切り抜き資料，またはクリッピング資料という。

　学習に活用可能な情報を切り抜き，一定のルールで整理し，ファイル資料にまとめると，有効な情報源となり得る

④写真，はがき，地図

　写真やはがき，地図などもファイル資料として取りまとめることで，散逸せずに有効に活用できる。古い写真や地図はその地域の歴史を探究する材料として活用可能である。

　最近では，災害への事前の備えを促す災害情報マップ（ハザードマップ），その地域で犯罪が起こりやすい危険な場所や安全な場所をまとめた地域安全マップを自治体や地域のボランティア団体が作成，配布する取り組みも行われている。自分たちの住んでいる地域に関心を持つことができるほか，どのような場所に注意すれば良いのかを学ぶことで危機管理能力を培うことにもつながる。このような地図類も必要に応じて収集しておきたい。

⑤児童生徒の作品

　学習の過程で児童生徒が作成した作文,論文,絵,工作,成果発表の資料（ポスター，レジュメ，プレゼンテーション資料等）を保管し，参照できるようにしておくと，これから同じ学習をする後輩の参考になる。児童生徒の作品はその学校でのみ活用可能なものであるため，学校ごとにルールを設けて，

適切に管理した上で適宜参照できるようにしたい。

（2）ファイル資料の分類

　パンフレットやリーフレット，ちらし，切り抜いた新聞記事や雑誌記事などを効果的に活用するためには，テーマや内容に応じて分類し，ファイリングすることが必要となる。そこで重要なのは，どのような基準で分類し，ファイル資料として取りまとめるかである。

　学校図書館で備えたいファイル資料の種類は，次の3つに大別することができる。

　①　各教科の単元学習，総合的な学習の時間（総合的な探究の時間）での
　　　活用を目的としたファイル資料
　②　郷土学習，地域に関する学習での活用を目的としたファイル資料
　③　児童生徒の作品の活用を目的としたファイル資料

　ファイル資料を整備する際にはまず，これら3つの区分にもとづき，どのようなテーマ，分類のファイル資料の活用が見込めるかを検討する。最初はテーマを大きく設定し，収納する量が増えた段階で細分化を図るのも良い。以下，①各教科の単元学習，総合的な学習の時間（総合的な探究の時間）での活用を目的としたファイル資料，②郷土学習，地域に関する学習での活用を目的としたファイル資料について，具体的な活用場面を想定して，どのような分類方法が考えられるかを説明する。

①各教科の単元学習，総合的な学習の時間（総合的な探究の時間）での活用を目的としたファイル資料の分類

　ファイル資料の分類を考える際には教科ごとではなく，日本十進分類法（NDC）を基本とすると良い。調べ学習や探究的な学習で扱われるテーマや内容は教科を横断するからである。件名標目表も参考になる。

　小学校の場合は，人権，環境，福祉，衣食住，ことば，自然，地理，歴史，戦争などの分類が考えられる。分類は最初から細かくすると，のちに資料を追加したり，更新したりする作業の負担が増す。まずはファイル資料の対象となるパンフレットや切り抜き資料をテーマごとに大まかに分類，整理し，

利用の様子を見てみると良い。ファイル資料が増えた場合は，分類を細分化していく。例えば，最初は「福祉」という大きなまとまりでファイル資料の作成を始め，調べ学習で頻繁に扱われるテーマや分野を抽出し，「手話」「バリアフリー」「ボランティア」などとファイルを徐々に増やしてしていく方法が考えられる。

　一例として，東京都・杉並区立杮掛小学校のファイル資料分類表を紹介する。杮掛小学校では，2010年から学校ボランティアが「朝日小学生新聞」の切り抜き資料（クリッピング資料）の作成に携わっている。資料の分類は，日本十進分類法を前提とし，0から9の分類ごとに複数のテーマ（大分類）を設けている。3類の社会科学でいうと，テーマ（大分類）は政治，法律，経済，社会，社会問題，教育，くらしの7項目である。さらに，それぞれのテーマ（大分類）をいくつかの小分類に細分化し，ファイルに収める形をとっている。例えば，「くらし」というテーマについては，生活・くらし，日本の行事，祭り，遊び・おもちゃ，昔のくらし，昔の道具，民話の7種類の小分類によるファイル資料が作成されている。

　中学校，高等学校は学習内容が高度化，専門化するため，より詳細な分類を考える必要がある。札幌聖心女子学院中学校・高等学校では，授業で行う調べ学習やディベート，卒業研究のテーマに応じて，難民，外国人労働者，派遣労働，夫婦別姓，オリンピック，環境問題，アイヌなどのファイル資料を作成している。

図表3－3　沓掛小学校のファイル資料分類表

分類	テーマ	ファイル名
0 総記		ファイルなし
1 哲学・宗教		ファイルなし
2 歴史・地理	日本史	歴史　遺跡
	世界史	ファイルなし
	伝記	歴史上の人物
	日本地理	日本の地理　旅行　島　地図
	世界地理	外国（アジア）　外国（アメリカ）　外国（ヨーロッパ）　外国（その他の地域）
3 社会科学	政治	政治　国際関係　ユニセフ　戦争と平和
	法律	裁判・法律
	経済	経済　貿易
	社会	仕事　消防　警察　博物館　公共施設　町・まちづくり　水・水道
	社会問題	公害　災害　災害復興　防災　いのち　おとしより　福祉　バリアフリー　手話　点字　盲導犬・介助犬　ボランティア
	教育	学校・教育
	くらし	生活・くらし　日本の行事　祭り　遊び・おもちゃ　昔のくらし　昔の道具　民話
4 自然科学	理科・化学	理科
	宇宙	宇宙　星・星座　太陽・太陽系　地球　月
	地学	自然　海　山　地層・岩石　化石　天気・気象
	植物	植物
	動物	動物（昆虫・むし）　動物（魚・水の生き物）　動物（両生類・はちゅう類）　動物（鳥）　動物（ほ乳類）　動物（その他）　動物保護　絶滅動物
	医学	からだ・健康
5 技術・工業	技術・工業	エネルギー　電気　科学技術　工業　自動車工業　建物・建築
	環境問題	環境問題　ごみ・リサイクル　地球温暖化
	乗り物	乗り物
	手芸・料理	手芸　料理　食品　食の安全
6 産業	農業	農業・畜産業　米
	林業	木・森林
	水産業	水産業・漁業
	商業	商業
	その他産業	交通　道路　情報・通信　新聞
7 芸術	美術	美術　世界遺産　文化財　伝統文化・伝統工芸
	音楽	音楽・芸能
	スポーツ	スポーツ
8 ことば	ことば	ことば　方言　ことわざ・慣用句
9 文学	文学	読書・文学　作家　俳句・短歌

図表3－4　札幌聖心女子学院のファイル資料

　片岡則夫『「なんでも学べる学校図書館」をつくる：ブックカタログ＆デー
タ集』は，清教学園中学校の卒業研究の授業で生徒が選んだ主要な研究テー
マおよびそのテーマに関連したブックガイドであるが，ファイル資料の分
類を考える際にも参考になる。例えば，上位にあげられた研究テーマには，
ファッション，コンビニエンスストア，方言，温泉，ゲーム，盲導犬，認知
症，自衛隊，祭りなどがある。
　修学旅行の事前学習での活用が見込まれるファイル資料については，訪問
する施設ごとに整理，分類するなどの方法も考えたい。

②郷土学習，地域に関する学習での活用を目的としたファイル資料の分類

　郷土学習や地域に関する学習での活用が見込まれるファイル資料について
も，教科や総合的な学習の時間での活用を目的としたファイル資料の分類と
考え方は同じである。地域資料は地方別，都道府県別，市町村別，あるいは
特定の地域ごとに整理，分類する必要がある。さらに，必要に応じて，テー
マ別の分類を検討する。大きな分類としては，自然，歴史，産業，環境，文
化，福祉などが考えられる。大分類を基本に，その地域の状況や調べ学習で
頻繁に扱われるテーマに応じて，分類を細分化していくとより活用しやすく
なろう。例えば，産業であれば，農業，漁業，観光などの小分類が考えられ
る。文化であれば，文化財，地域行事，祭り，郷土芸能など，必要に応じて
取捨選択することができる。地域の課題を反映させた分類（例：過疎化，ゴ
ミ問題，災害など）も考慮に入れたい。

（3）ファイル資料の整理方法

　パンフレット，リーフレット，ちらしは図書や雑誌とは違い，散逸を防ぐ
工夫が必要である。代表的なファイリングの方法には以下のものがある。
①フォルダーやキャビネットケースに収める方法
　バーチカル・ファイリング（vertical filing）ともいう。整理したファイル
資料をフォルダーに収め，分類見出しを付けて並べることで検索しやすくな
る。場所を確保できるのであれば，キャビネットケースを用意し，引き出し
ごとに分類見出しをつけ，ファイル資料を格納する方法もある。ほこりや日
焼けから資料を守ることができるのが利点である。
②ファイルボックスに収める方法
　ボックス・ファイリング（box filing）とも呼ばれる。ファイルボックス
に分類見出しを付け，その中にファイル資料を収める。ファイルボックスの
大きさによっては資料が雑然としやすく，管理にもやや難があるものの，フォ
ルダーやキャビネットケースよりも収容能力が大きく，さほど費用をかけず
に取り組みやすい。北海道・札幌市立発寒中学校では，ファイルボックスの
背面にイラストを施した見出しを付け，ファイル資料を収納している。

図表3－5　発寒中学校のファイル資料

　パンフレットやリーフレット，ちらし，写真，はがき，地図はそれ自体が薄く，紛失しやすいため，クリアポケットやクリアフォルダに入れて保管する。ファイルボックスを活用する場合は，まとまった量のパンフレット類を収納できるクリアフォルダを用意すると良い。

　新聞記事やパンフレット，リーフレットから必要な部分のみを切り取って，切り抜き資料（クリッピング資料）とする場合は，台紙を用意し，それに貼り付け，掲載誌名，掲載年月日，記事の見出しなどをわかりやすい場所に記載し，まとめてファイリングする。台紙ごとに通し番号を振り，一覧表を作成する方法もある。ファイリングの方法については，個別フォルダーを使う方法，または二穴式のファイルやバインダーを使う方法が考えられる。台紙は収納するフォルダーやファイルに合わせて大きさを統一する（Ａ４判など）。台紙の大きさに合わない記事は適当に折りたたむなどして，破損がないように気をつける。

　東京都・杉並区立沓掛小学校では，「朝日小学生新聞」の切り抜き資料（ク

リッピング資料）を作成する際，その記事の件名（ファイル資料名）や記事の掲載日を記入できる台紙に新聞記事を貼る形をとっている。作成された切り抜き資料（クリッピング資料）は厚紙で作られた簡易封筒に収め，ある程度のまとまりごとにファイルボックスに入れ，管理している。

図表3－6　沓掛小学校の切り抜き資料（左），同ファイルボックス（右）

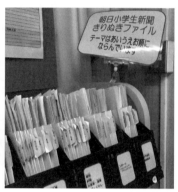

（4）ファイル資料の更新，廃棄

　ファイル資料は調べ学習，探究的な学習で大いに重宝するが，作成には多大な手間がかかる。とくに，切り抜き資料（クリッピング資料）は，対象となる記事のチェックから切り抜き，台紙への貼付，ファイリングと工程が多いのが難点である。切り抜きの対象とするテーマ（分類）や作成のルールを最初に定めておき，日々の業務の中に切り抜き資料の作成を位置づける必要がある。

　調べ学習，探究的な学習で活用するメディアについては，最新の情報が収録されている必要がある。それはファイル資料も同様である。ファイル資料の鮮度を保つためには，定期的に内容の更新，廃棄を行う必要がある。ただし，ファイル資料をこまめに更新する作業は骨が折れる。ファイル資料の内容にもよるが，全国学校図書館協議会の「学校図書館図書廃棄規準」を参考

に，3〜5年を目安に更新，廃棄を検討すると良いだろう。例えば，修学旅行関係のファイル資料は，廃棄規準の「旅行案内書」に準じ，3年での廃棄が1つの目安となる。ただし，郷土学習，地域に関する学習での活用を目的としたファイル資料，歴史関係のファイル資料はこの限りではない。とくに地域の情報を集めたファイル資料は年月が経っても価値があるため，保存の対象としたい。

5　学校図書館コレクションの評価および更新，廃棄

　一旦構築したコレクションは，定期的な維持，管理が不可欠である。加えて欠かせないのがコレクションの評価，更新である。学校図書館のコレクションには，その学校独自の教育方針や教育内容，児童生徒の状況が反映される。教育方針や内容，児童生徒の状況は普遍的なものではなく，時が経つにつれ，当然変化するものである。教育課程の見直し（とくに「学習指導要領」の改訂）や児童生徒のニーズ，興味関心の変化を見逃さず，総体としてのコレクションを評価し，更新を図っていく必要がある。

　学校図書館のコレクションは，学校の教育課程の展開に寄与するものでなければならない。とくに調べ学習，探究的な学習や教科の学習に使われるコレクションについては，なるべく最新の情報を備えたものをそろえられるよう，収集と同じくらい更新を徹底したい。

（1）コレクションの維持，管理

　使いやすい図書館を目指す上で，維持，管理のプロセスは地味な作業ではあるが，軽視できない。

　日常的には開館前に館内を一周し，書架の乱れを整え，違う分類の図書が混ざっていないかの確認などをするとよい。簡単に館内をめぐるだけでも修理が必要な図書を発見したり，分類別，ジャンル別の利用状況を大まかに把握したりできる。利用統計，貸出統計からも利用動向は把握できるが，書架にはその学校の図書館活用のありようが最も端的に反映されるものである。

補修が必要な図書は仮置きし，まとまった時間に補修作業を行う。簡易製本で作られている図書や利用頻度が高い図書は壊れやすいため，定期的な補修が必要となる。補修を繰り返した図書については，可能な範囲で買い直しも検討したい。

　計画的な蔵書点検も必要である。蔵書点検とは，登録状況と実際の所在が一致しているかを確認する作業である。年間の学校図書館運営計画にあらかじめ，蔵書点検の予定を組み込んでおきたい。蔵書点検は図書館を閉館して行う。そのため，あらかじめ蔵書点検の期間を告知しておく必要がある。蔵書がデータベース化されている場合は，蔵書管理ソフトを用いることで比較的簡単に点検を行うことができる。データベース化されていない図書館では，図書原簿（図書を蔵書として受け入れた際の登録リスト）と照らし合わせ，所在を確認することとなる。中学校，高等学校の場合は，生徒図書委員に協力を求めるとスムーズに作業を行うことができ，閉館期間の短縮にもつながる。

　点検の結果，所在が確認できなかった図書については，書架と書架との隙間に落ちていないか，貸出手続きを経ないままに持ち出されたものが教室や職員室にないかなどを再確認する。それでも見つからない場合は，最終的に所在不明とする。所在不明の図書は期間を置いても発見できなければ，紛失として処理する。

（2）コレクションの評価

　学校図書館のコレクションは一旦作って終わりではない。その内容は定期的に見直し，評価され，その結果を受けて更新することでより良いものとなっていく。ある時点のコレクションはその時の教育課程の内容や児童生徒の状況を反映したものであり，その状況がいつまでも変わらないことはあり得ない。教育課程の変更，児童生徒のニーズ，世の中の情勢変化，研究成果の更新，情報メディアの変化を受け，コレクションも見直しを続ける必要がある。

　コレクションの充実のためには，コレクションの内容に対する適切な評価が必要である。評価の方法には大きく，量的な評価と質的な評価がある。

①量的な評価の方法

　量的な評価を行うためには，コレクションに関する統計を定期的に作成しておく必要がある。所蔵コレクションの総数，その年度の購入点数，廃棄点数，分類ごとの配分比率，出版年ごとの点数，貸出データ，授業における利用状況などである。自校のコレクションの現状を数量的に明らかにした上で，経年的な変化，各種基準や他校のコレクションとの比較により評価を行う。

　一般的な基準としては，全国学校図書館協議会の「学校図書館メディア基準」がある。この基準からは，校種別，学校規模別の蔵書最低基準冊数，蔵書の配分比率，年間に購入する図書の最低冊数を知ることができる。とくに着目したいのが，蔵書の配分比率である。コレクション全体のバランスを評価する際に有用である。

図表３－７　蔵書の配分比率（学校図書館メディア基準（2021年4月改訂））

	0 総記	1 哲学	2 歴史	3 社会科学	4 自然科学	5 技術	6 産業	7 芸術	8 言語	9 文学	合計
小学校	6	3	16	10	16	6	5	8	5	25	100%
中学校	6	5	16	10	15	6	5	8	6	23	100%
高等学校	7	7	16	12	14	6	4	8	7	19	100%

　「学校図書館メディア基準」をもとに，9類の物語や文学作品の配分バランスはどうか，調べ学習や探究的な学習において活用される分野で弱いところはないかを確認してみると良い。さらに，自校の利用統計（分類ごとの貸出数，授業における利用状況など）と照らし合わせると，補強しなければならない分野，一層の充実を図る必要がある分野，利用が少ない分野を知ることができる。「学校図書館メディア基準」の蔵書配分比率はあくまで標準的な目安であり，「学校の教育課程，地域の実情を考慮して運用する」とされている点も考慮したい。「学校図書館メディア基準」では，新聞，雑誌，視聴覚メディア（CD，DVD等），電子メディアについても校種別，学校規模別の最低タイトル数・本数を知ることができるので参考にしたい。

　貸出データからはどの分類の利用が多いかを量的に測ることが可能であ

る。ただし，館内閲覧による利用，授業における利用は含まれないことを別途勘案する必要がある。教科の学習などで使われる分野については，どの程度，どのような形で活用されているかも考慮する必要がある。例をあげると，複本の量が適切か，同じテーマの本が複数そろっているか，学習内容によっては同じテーマの本で視点が異なるものも複数あるかといった観点が想定できる。

②質的な評価の方法

コレクションを質的に評価する際には，第一に学校図書館として備えておきたい基本的なメディアがそろっているかを確認したい。本章の3節で紹介した選定ツールが参考になる。

選定の際だけでなく，評価においても，活発な活動を行っている学校図書館のコレクションを参考にさせてもらうと良い。その際，その学校ではどのような調べ学習，探究的な学習が行われているのか，利用状況はどうかを同時に確認することが重要である。他校のコレクションはあくまでその学校の教育目的や教育内容を反映したコレクションである点には留意したい。

その他の方法としては，児童生徒や教員にアンケートまたはインタビューを行い，要望を聴取するという方法もある。教科で学校図書館を活用した取り組みをしている教員については，授業の中で活用したメディアについて使い勝手を確認し，新規購入が必要な分野をあげてもらうのも良いだろう。

維持，管理の項でも述べたが，毎日の書架整理の際に書架の状況を一通り把握することで得られる気づきは多い。書架が乱れている分野は利用が多い証拠であるし，内容や外見が古くなった図書などを抜き出す（除架），新たに選定が必要なテーマを把握するなど，数分でもできることはたくさんある。地道な作業は，児童生徒，教員にとって使いやすい学校図書館実現への第一歩となる。

（3）コレクションの更新，廃棄

利用者にとって魅力的なコレクションを作るためには，コレクションの評価結果にもとづき，更新，廃棄作業を行う必要がある。とくに気をつける必

要があるのは以下のケースである。

・書架にメディアが収まりきらなくなっている場合

　　図書が隙間なく書架に詰まっていると，必要な図書が取り出しにくく，利用がしにくい書架となってしまう。図書の破損の原因ともなり得る。

　　新たに購入した図書を収めるスペースがないほど，余裕がなくなってきている場合は，適宜，除架し，書庫に配置を変える，廃棄を行うなどの作業が必要となる。

・メディアの外見が古びていたり，破損が見られる場合

　　ボロボロな図書が目立つ図書館は，児童生徒にとって魅力的であるとはいえない。せっかく新しい図書をたくさん購入しても，外見が傷んでいる図書，挿絵が時代遅れな図書がそばにあるだけで，一瞬にして図書館の楽しい雰囲気は失われてしまう。修理，廃棄が必要なメディアはそのままにせず，発見次第，書架から抜き出すようにしたい。

・データや内容が古いメディア，利用価値が薄れたメディアがある場合

　　書かれている内容やデータが古くなるなどして利用価値のなくなったメディアは，時に児童生徒の学習の妨げになる。古いデータや間違った情報をもとに学習をしたり，情報を得たりする可能性があるからである。新たな研究成果や見解の発表，「学習指導要領」の改訂などで価値を失ったメディアも同様である。この場合は外見が古びたり，汚れていなくても更新，廃棄の対象となる。

　　学校図書館のコレクションはだれでも自由に手にとって見られるようにしておくことが望ましいが，何年も利用されないまま書架に並んでいる図書は書庫に移動させるなどの措置も必要である。例えば，過去に一時的に流行したジャンルの読みものは今の児童生徒には魅力的に映らない可能性が高い。利用が望めない図書については思い切って配置の変更，更新，廃棄の対象とするなどし，書架から抜き出すだけでも図書館の印象は一新する。

学校図書館のコレクションは量がたくさんあれば良いというわけではない。新鮮な情報やよりすぐりの読みものが利用しやすい状態で整理されていることの方がよほど重要である。

①コレクションの更新

利用価値のなくなったメディアや破損が激しいメディアを除架し，書庫などに配置換えしたり，新しいメディアに買い替えたりすることで，学校図書館のコレクションは鮮度を保つことができる。

破損が激しいメディアのうち，同一タイトルで買い替えが可能で今後も利用が見込める場合は新たに選定をし，買い替えを行う。調べ学習，探究的な学習で高頻度に使われる場合は複本を用意するなどして対応する。古典的な読みものや絵本の場合は，時に絶版になっていることもある。外見が古くなったから，利用が見込めないからといって直ちに廃棄できないものがあることも覚えておきたい。

情報が古くなり信頼性に欠けるメディア，改訂版が出版されたメディアも更新の検討の対象となる。とくに自然科学分野のメディアは情報の更新のスピードが早く，新しい学説が登場したり，新たな研究成果から従来の定説が覆ったりすることもある。例えば，太陽系惑星は「水星・金星・地球・火星・木星・土星・天王星・海王星・冥王星」で構成されると以前は説明されていた。しかし，2006年からは冥王星は準惑星として，別類の天体として区別されるようになったことにより，以後，「太陽系惑星は9つの惑星で構成される」と書かれたメディアは間違った知識を伝えるものと判断せざるを得なくなった。こういった場合には，コレクションの更新が必須となる。地理（国名や市町村名などの情報の変化），法学（法律の改正）分野のコレクションにも同じことがいえる。ただし，以前の状況や定説はどうだったのかを確認，参照できるようにする意味でも，いくつかは保存しておくと良い。

常に最新の情報にのみ価値があるメディアもある。例えば，列車のダイヤ改正があった場合，古い時刻表はその時点で利用価値がほぼなくなる。同様に，受験参考書，進学や就職，留学のガイドブック，旅行に関する情報が掲

載されたガイドブック・情報誌はその時点の最新情報でなければ，情報ニーズを満たすことはできない。

　さまざまなデータを扱う年鑑，白書，統計書なども最新の情報を参照できるように考慮したい。ただし，これらのメディアについては，最新データを参照するだけでなく，経年的な変化を確認するという使い方も想定される。以前の状況を把握し，現状との比較ができるよう，可能な範囲で保存しておくようにしたい。

　もう1つ更新を検討したいのは，専門書や難解なテーマを扱った図書である。利用が望めそうな分野やテーマであるなら，同一テーマで読みやすいものが新たに出版されていないか，調査する価値はあるだろう。今後もさほど利用されないと判断したものについては，書庫や教科の準備室等に配置換えをする，廃棄するなど，ケースに応じて対応したい。

②コレクションの廃棄

　コレクションを評価したのち，不要と判断されたメディアについては廃棄の手続きを行う。廃棄の対象には，蔵書点検で紛失，所在不明とされたものも含まれる。

　廃棄の判断は担当者の一存で行うのではなく，必ずあらかじめ定めた廃棄基準（除籍基準）に沿って行う。廃棄基準が未作成の場合は，自校の状況に合わせて案を作成し，職員会議で全教職員の理解，賛同を得て，成文化する。

　廃棄基準に盛り込むべき要素については，甲南高等学校・中学校の「図書資料除籍基準」が参考になる（http://www.konan.ed.jp/lib/act/index.html）。同校の「図書資料除籍基準」は，主に以下の内容で成り立っている。メディアを選定する際と同じく，学校図書館の担当者の独断で廃棄の決定をすることのないよう，廃棄の対象範囲を定め，その手続きの方法を明確にしておくことは重要である。

　・除籍の対象となるメディア（第1条）
　・除籍の申請方法と手続き（第2条，第3条）
　・除籍となるメディアの処理方法（第4条）

なお，自校で廃棄基準を制定する際には，全国学校図書館協議会の「学校図書館図書廃棄規準」が参考になる。廃棄基準が成文化されていない場合は，ひとまず，「学校図書館図書廃棄規準」を目安に廃棄作業を行うと良いだろう。「学校図書館図書廃棄規準」では，一般規準として，以下に該当する図書は廃棄の対象とするとされている。

　　1．形態的にはまだ使用に耐えうるが，記述されている内容・資料・表記等が古くなり利用価値の失われた図書。

　　2．新しい学説や理論が採用されていない図書で，史的資料としても利用価値の失われた図書。

　　3．刊行後時間の経過とともにカラー図版資料の変色が著しいため，誤った情報を提供することが明白になった図書。

　　4．利用頻度の著しく低い複本で保存分を除いた図書。

　加えて，「学校図書館図書廃棄規準」には種別規準として，図書の種別ごとに刊行後何年を目安に廃棄を検討したら良いかが示されており，参考になる。

　廃棄の検討を行う際に留意したいのは，古い情報しか掲載されていないからといって，それだけでそのメディアの利用価値がなくなるというわけではないことである。先に述べたように，年鑑，白書，統計書などデータを参照するためのメディアは過去の状況を把握する，過去と現在の状況を比較するといった目的で利用されることがある。自治体が作成したパンフレットや地域の博物館や民間団体が発行した資料集などは，利用が少ないからといって廃棄すると，二度と手に入らない。「学校図書館図書廃棄規準」では，年鑑，白書，郷土資料，貴重書については原則，廃棄の対象としないとされている。

　その他，文集，卒業アルバム，PTA会誌，記念誌などの自校資料，児童生徒の作品，教員が作成した教材などに関しても保存の対象とする。学校発行の自校資料については校内で管理の分掌が定まっておらず，管理が行き届いてないケースも散見される。こうした史資料をいかにアーカイブしていくのかは重要な課題である。児童生徒の作品については保管期限を決め，それ

が過ぎたら返却する，優秀作品のみ永久保存にするなど，対応をあらかじめ決めておきたい。児童生徒の作品も著作物であるため，所蔵にあたっては事前に，本人や保護者に承諾を得る必要がある。

（野口久美子）

〈注〉
（注1）「蔵書構成」日本図書館情報学会用語辞典編集委員会編『図書館情報学用語辞典　第4版』丸善出版　2013年　p.137
（注2）「見計らい方式」日本図書館情報学会用語辞典編集委員会編『図書館情報学用語辞典　第4版』丸善　2013年　p.235
（注3）高橋知尚「メディア選択の方法とツール」『学校図書館メディアの選びかた』全国学校図書館協議会　2012年　p.24
（注4）「パンフレット」日本図書館情報学会用語辞典編集委員会編『図書館情報学用語辞典　第4版』丸善出版　2013年　p.203
（注5）「リーフレット」日本図書館情報学会用語辞典編集委員会編『図書館情報学用語辞典　第4版』丸善出版　2013年　p.249

〈参考文献〉
・文部科学省「子供の読書活動の推進に関する基本的な計画（第四次）」(http://www.mext.go.jp/b_menu/houdou/30/04/1403863.htm ［2021年9月15日現在参照可］)
・日本新聞協会「教育に新聞を Newspaper in Education：多彩な NIE の実践」(https://nie.jp/about/ ［2021年9月15日現在参照可］)
・「関西学院中学部図書館」(https://library.kgjh.jp/ ［2021年9月15日現在参照可］)
・「学校図書館の友：Facebook グループ」(https://www.facebook.com/groups/330846593759265/ ［2021年9月15日現在参照可］)
・日本ユネスコ国内委員会「図書及び定期刊行物の出版についての統計の国際化な標準化に関する勧告（仮訳）」文部科学省 (https://www.mext.go.jp/unesco/009/1387084.htm ［2021年9月15日現在参照可］)
・片岡則夫編著『「なんでも学べる学校図書館」をつくる ブックカタログ＆データ集：中学生1,300人の探究学習から』少年写真新聞社　2013年　190p

※続編にあたる，片岡則夫編著『「なんでも学べる学校図書館」をつくる2　ブックカタログ＆データ集：中学生 2,000 人の探究学習とフィールドワーク』少年写真新聞社　2017 年　150p も参照のこと。

第Ⅳ章

学校図書館メディア組織化の意義と展開

1　学校図書館メディア組織化の意義とプロセス

　第Ⅲ章で学校図書館のコレクション構築について述べてきたが，コレクションは，図書館の利用者に活用されることで意味を持つ。そして，利用者が自身のニーズに合ったメディアを発見し，識別・選択し，入手するまで，間接的に支援する手法が，本章～第Ⅵ章で扱う組織化である。

　はじめに，「組織化」の語の意味を確認したい。組織化は，英語で表すとorganizing であり動詞 organize の名詞形であるが，いずれも多義語であり複数の意味を持つ。そして，ここでの組織化は「……を系統だてる，整える，整理する，きちんと分類する」[注1]こと，という意味でとらえる。つまり，メディアの組織化とは，メディアを整理することと言い換えることができる。

　学校図書館が所蔵するさまざまなメディアが，混沌とした状態で置かれていた場合，利用に苦労しそうだということは容易に想像できるだろう。では，整然と書架に並んでいればそれで十分だろうか。並べ方にも気を配った方が，より探しやすくなると考えつくだろう。では，どのように並べれば良いのか。また，書架に並べられたメディアから見えるのは，図書であれば主に背の部分であり，おおむねタイトル，著者名，出版者名，版表示といった図書が記されている（図表4－1）が，それら以外の観点からメディアを探索したいという利用者のために何ができるだろうか。

図表4－1
図書の背の例

所蔵するメディアを探しやすくするため，図書館関係者によってこれまでさまざまな手法が考えられてきた。その代表例が，分類と目録である。「学校図書館法」第4条にも，学校図書館を利用に供する方法の1つとして「図書館資料の分類排列を適切にし，及びその目録を整備すること」と規定されている。

　これらの語のここでの意味を，『図書館情報学用語辞典　第4版』の説明を参考にして簡潔にまとめると，以下のようになる。

　　分類…メディアに対して，分類表を用いて分類記号を付与する作業。
　　排列…メディアを一定の順序に並べること。「配列」とも表記される。
　　　　　本書では「配列」を用いる。
　　目録…所蔵するメディアを，タイトル，著者，件名，分類記号などから
　　　　　検索できるようにしたもの。

　図書館がメディアを受け入れてから，書架に並べる（配架する）までに，図書館員は，メディアに対して，適切な分類記号を付与し，配列の順序を確認し，さらに，さまざまな観点（タイトル，著者名など）から検索するためのツールとして目録を作成する。

　なお，学校図書館の多くは，メディアの主題（テーマ）に基づいて分類記号を付与し（詳しくは第Ⅵ章「主題索引法」），図表4－2のように所在記号（請求記号ともいう）の一部として背ラベルに記号を表し，配列の第一の基準としている。所在記号の構成や表し方，背ラベルを何段とするかは，利用者に配慮して決定する。分類記号以外に図書記号や別置記号を付与する場合があり，図書記号の主なものとしては著者名の読みに基づく著者記号がある。補助記号として巻冊記号などを付す場合もある。メディアの種類に応じて，背ラベルの枠の色を分けるという工夫もできるだろう。

図表 4 − 2　背ラベルの例

| 913 |
| あ |
| 1 |

— 分類記号
— 図書記号
— 巻冊記号

| 486 |
| テ |

— 分類記号
— 図書記号

| R 010 |

別置記号　　分類記号

　また，目録は，近年，カード形式よりもコンピュータ目録形式に整備の主流は移っている。

　これらをそろえることによって，利用者が自身の情報ニーズに合ったメディアを発見し，識別・選択し，入手することを支援できる（図表 4 − 3）。例えば，タイトルや著者名がわかっているメディアを探索するときには，目録を用いて検索する。検索の結果，欲しいメディアに関する目録データが見つかれば，いっしょに記された所在記号を確認し，配架場所へ行き，当該メディアを入手する。

　一方で，調べたいテーマがあるが，タイトル等の検討がつかないときには，目録で分類や件名を対象に検索する方法や，開架制の場合は書架に直接あたって探索する方法がとれる。目録を用いて検索した場合，利用者は検索結果を一覧し，ニーズを満たすと考えられるメディアを選択する。その後のメディア入手までの手順は，タイトル等がわかっている場合と同様である。また，メディアが主題に基づいて配列されていることを利用し，配架図や書架見出しを頼りに配架場所のあたりをつけ，関連しそうな書架を眺めて（ブラウジング），

図表 4 − 3　メディア探索のプロセスと組織化による支援

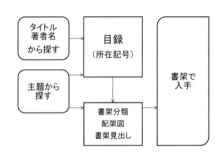

探索の手がかり　探索の支援ツール　探索の結果

メディアを探すこともできる。

　また，組織化の成果としての分類や目録は，学校図書館の担当者によるメディアの管理にも役立つ。メディアの探索を容易にすることはもちろんのこと，第Ⅲ章で述べたコレクション構築にも関連する，蔵書の高度な管理を行うことも可能になる。例えば，分類を付与することによって，主題（テーマ）ごとに何冊ぐらいの蔵書を所蔵しているのかを集計し，配分の比率を把握することが可能になる。自館の比率を把握したら，図書館のサービスの目的を実現できるようなバランスの良いものになっているかどうか検討する必要がある。その際，全国学校図書館協議会の「学校図書館メディア基準」（2000年）による「蔵書の配分比率」（第Ⅲ章の図表3-7）も参考にすると良い。

2　学校図書館メディアの配架

（1）配架の原則

　学校図書館メディアの配列の基準の主なものは，前節で述べたように主題（テーマ）に基づいた分類である。0類から9類というように，数字の小さなものから大きなものの順に並べていく。また，背ラベルに図書記号も示している場合は，同一の分類の中での配列を決定する際の基準，つまり第二の基準として活用できる。例えば，913（日本の小説）という分類の中で，さらに著者名順に並べるということが実現できる。

　また，書架の中での並べ方は，おおむね図表4-4のように，1つの連（棚板によって何段かに仕切られている書棚の単位）の左上を起点とし，左から右へと並べてゆき，棚の右端に到達したら，1つ下の棚の左端に移り，また左から右へと並べてゆく。これを繰り返し，連の右下に到達したら，次は右隣の連の左上に移り，同じ要領で右下へと並べてゆく。配列の基準がメディアの種類によって異なることも少なくないが，何らかの基準に則り，このように左から右，ないし上から下という順に配架することは共通している場合が多い。

図表4－4　書架における資料の配列順序

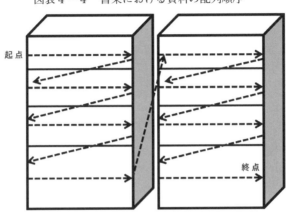

（2）配架の調整と別置

　（1）で述べた原則に合わせて，利用者の目線や動線，メディアの特性を考慮した調整を行うこともある。

　まず，目線を考えると，とくに，小学校は1年生から6年生まで幅広い年齢層が利用する。見えづらい位置や手に取りづらい位置に置くことは避けたい。次に，動線を考えると，利用の頻度など，利用者や図書館のさまざまな事情に合わせて配架場所を調整することによって利便性を追求できることもある。さらに，メディアの特性（管理上の問題，必要な再生装置など）も考慮すると良い。例えば，再生装置が必要な視聴覚メディアをその装置の近くに配架するといった工夫ができるであろう。

　なお，文部科学省の「学校図書館ガイドライン」において，児童生徒が気軽に利活用できるよう，所蔵するメディアの一部を学級文庫等に分散配架することも有効であると述べられているが，一方で，分散したメディアが，無管理状態となりだれも手にしなくなったり，散逸し，必要な時に探せなくなるおそれがあることも指摘されている[注2]。分散配架したメディアも一貫した管理に努めることが必要である。

基本的には分類記号順に配架している場合であっても，前述したような様々な事情による調整によって，本来の分類順とは異なった場所に配架することを「別置」と呼ぶ。形態による別置，管理上の別置，利用上の別置などがある。

　形態による別置は，通常のメディアのサイズより大きすぎるものや，小さすぎるものなどで行われる。管理上の別置は，貴重なメディアを鍵付きの棚で保管するなどである。利用上の別置は，参考図書をカウンター付近にまとめて配架するなどである。

　ただし，体系的な探索を可能にするために別置は必要最低限にとどめるべきであるという指摘[注3]や，別置を少なくするために棚のサイズを変更し工夫したという報告もなされている[注4]。それらをふまえて検討したうえで，別置を選択した際には，利用者がメディアの利用にあたって困ることがないよう，案内をしておく必要がある。

　なお，別置が一般的によく行われているメディアの種類として，継続刊行物，視聴覚メディア，ファイル資料，博物資料がある。

① 継続刊行物

　終刊を予定せず，年月・巻号を追って継続して発刊される新聞や雑誌は，基本的に図書の場合と異なり，別置扱いとして，雑誌架などに配架を行う。

　さらに，継続刊行物目録（雑誌目録）として，継続刊行物の書誌的記録を編成した目録を作成し，学校図書館が所蔵する巻号を記録しておく。

② 視聴覚メディア

　CD, DVD, BD などの視聴覚メディア，CD-ROM や DVD-ROM などのパッケージ系電子メディアは，物理的な性質上，および取扱上の観点から，書架分類を行わず，受入順で記号を与える場合がある。一方，メディアの量が多い場合や，メディア・再生装置を利用者が自由に利用できる方式をとる図書館では，書架分類を行う場合もある。とくに前者の場合は，書架分類に代わって，分類目録や件名目録の整備が求められる。

③ ファイル資料

　パンフレット, リーフレット, ちらし, 広報誌, PR 誌, 絵葉書, 写真のほか，

新聞や雑誌の記事の切り抜きなどは，直接配架するには形が不安定であるため，ファイリングを行い，ファイル資料として提供することが学校図書館では一般的である。情報ファイル，インフォメーションファイルと呼ばれる場合もある。

　専用のキャビネットに収納するバーチカル・ファイリングと，クリアファイルやクリアフォルダなどを利用して資料をファイリングし，扉のないボックスや書架などにオープンに保管するボックス・ファイリング（オープン・ファイリング）に大きく分けることができる。いずれかを選択したうえで，ファイルおよび資料に分類や件名を付与していく。

④博物資料

　博物資料（実物資料ともいう）は目録規則に基づいて目録を作成したうえで，管理と利用の観点から適切な場所に配置する必要がある。

（3）サイン計画

　配架の方法を決定したら，配架場所を利用者にわかりやすく示すためにサイン計画を立てる必要がある。館内の案内図に位置づけた配架図（配架地図）や，書架見出しとしての案内板や表示板を用意する（図表4-5）。書架に主題や著者名に関する見出しを設置することで，児童生徒が自分でメディアを探しやすくなる。

図表4-5　案内板の一例（左），表示板の一例（右）

2類　歴　史	
200　歴 史 総 記	250　北アメリカ史
210　日 本 史	260　南アメリカ史
220　ア ジ ア 史	270　オセアニア史
230　ヨーロッパ史	280　伝　　記
240　アフリカ史	290　地　　理

（夏目漱石）

　また，とくに小学校では，学年によって読める文字に大きな差がある。そのため，漢字にかなを振って示したり，文字だけでなく，絵やピクトグラム

でサインを示すことも有効であろう。

3　学校図書館メディア組織化の新しい展開

　学校図書館メディア組織化の新しい展開として，メディアの多様化，目録機能の見直し，連携を見据えたデータ整備があげられる。

（1）メディアの多様化

　学校図書館は，図書に限らず，これまでにも多様なメディアを収集してきた。全国学校図書館協議会の機関誌『学校図書館』では，2019 年 9 月号の特集「さまざまな学校図書館メディア取扱いの基本」にて，雑誌の付録や地図等を含むメディアの取扱い方を紹介している。

　また，近年はネットワーク情報資源として，インターネット（ウェブ）上の情報を取り扱うことも求められている。これまでのメディアが比較的，長期的で安定した情報であったのに対して，ネットワーク情報資源は，有効期限の長いものと短いものが混在し，かつ情報の質が安定しない。

　このようなネットワーク情報資源に，標準化したメタデータ（データのデータ）を付与し，組織化を行おうという試みがある。代表的なものとして，DCMI（Dublin Core Metadata Initiative）メタデータ語彙が挙げられる。ネットワーク情報資源の発見を容易にするために，情報資源自体の意味（セマンティクス）を示すコアデータを規定することが重要であるという見識のもとに規定されたものである。

　DCMI メタデータ語彙などの規則に沿って整理されたメタデータを提供すると，利用者自身がネットワーク情報資源に直接アクセスでき，メディアの検索が容易になる。そこで，学校図書館が信頼できるウェブサイト（ホームページ）を収集し，主題から検索できるように目録を作成し，ブラウジングや検索ができるようにした，サブジェクト・ゲートウェイ（Subject Gateway）と呼ばれるサービスを提供することも可能である。簡易的なものとして，リンク集の作成を行うのも良いだろう。

（2）目録機能の見直し

　目録を作成するためのルールである目録規則は，国際的な枠組みに則って定められているが，近年，この枠組みに大幅な変更があり，それに基づき日本における目録規則も改訂がなされた。詳しくは，第Ⅴ章の目録法で述べるが，利用者の探索行動をモデル化し，発見，識別，選択，入手というそれぞれの段階で役に立つような機能を提供することが目指されている。

　また，目録データを充実させたり，OPAC（Online Public Access Catalog）への改修も，利用者の利便性向上に貢献すると考えられるため，できることから実践していきたい。

（3）連携を見据えたデータ整備

　学校図書館が，公共図書館等と連携を行う事例が増えてきている。例えば，山崎博樹による「学校と公立図書館の連携による学校図書館の活性化」(2018)では，鳥取県，新潟市，塩尻市（長野県），智頭町（鳥取県）の例が紹介されている。

　その際，統一的なメディアの検索が可能になるよう，メタデータの付与の方法を確認するとともに，標準化されたデータの作成を引き続き目指していくことが望ましい。

（4）今後の展開に備えて

　ここまで，学校図書館メディア組織化の新しい展開についてまとめたが，これらは執筆時点（2019年10月）の状況を記したものである。しかし，これ以降に変化したり，さらに新しい課題が追加されていくことも予想される。最新の動向を押さえておくために，次のような情報源から継続的に情報収集することが望ましい。

　①学校図書館に関する雑誌
　・『学校図書館』（全国学校図書館協議会，月刊）

・『学校図書館学研究』（日本学校図書館学会，年刊）

②図書館や情報に関する雑誌

・『図書館雑誌』（日本図書館協会，月刊）

・『図書館界』（日本図書館研究会，隔月刊）

・『情報の科学と技術』（情報科学技術協会，月刊）

・『日本図書館情報学会誌』（日本図書館情報学会，季刊）

・『Library and Information Science』（三田図書館・情報学会，年2回刊）

③図書館に関するウェブサイト

・「カレントアウェアネス・ポータル」（国立国会図書館）http://current.ndl.go.jp/

（下山佳那子）

〈注〉

（注1）國廣哲彌［ほか］編『プログレッシブ英和中辞典　第4版』小学館　2003年

（注2）五十嵐絹子「第Ⅲ章学校図書館を支える実践」『学びを拓く授業モデル』国土社　2014年　p.174-175

（注3）前掲（注2）

（注4）今野千束「第9章 5利用を増やす─蔵書構築と改修を中心に─」金沢みどり編著『学校司書の役割と活動：学校図書館の活性化の視点から』学文社2017年　p.173-174

〈参考文献〉

・日本図書館情報学会用語辞典編集委員会編『図書館情報学用語辞典　第4版』丸善出版　2013年

・堀川照代『「学校図書館ガイドライン」活用ハンドブック解説編』悠光堂　2018年

・全国学校図書館協議会監修『司書教諭・学校司書のための学校図書館必携：理論と実践　改訂版』悠光堂　2017年

・全国学校図書館協議会編『学校図書館学びかた指導のワークシート』全国学校図書館協議会　2007 年
・金沢みどり編著『学校司書の役割と活動：学校図書館の活性化の視点から』学文社　2017 年
・小田光宏編『学校図書館メディアの構成』樹村房　2016 年
・後藤敏行『学校図書館の基礎と実際』樹村房　2018 年
・後藤敏行『図書館員をめざす人へ』勉誠出版　2016 年
・渡辺暢恵著『実践できる司書教諭を養成するための学校図書館入門』ミネルヴァ書房　2009 年
・緑川信之編『学校図書館メディアの構成　第 2 版』学文社　2008 年
・五十嵐絹子，藤田利江編著『学びを拓く授業モデル』国土社　2014 年
・五十嵐絹子著『夢を追い続けた学校司書の四十年：図書館活用教育の可能性にいどむ』国土社　2006 年
・志保田務，高鷲忠美編著『情報資源組織法　第 2 版』第一法規　2016 年
・志保田務編著『情報資源組織論：よりよい情報アクセスを支える技とシステム　第 2 版』ミネルヴァ書房　2016 年
・田窪直規編著『情報資源組織論　改訂』樹村房　2016 年
・山崎博樹「学校と公立図書館の連携による学校図書館の活性化」『カレントアウェアネス』No.336　2018 年　p.15-17

学校図書館メディア組織化の実際：目録法

1　目録の意義

　目録（catalog）とは，「一図書館または図書館グループが所蔵する図書館資料の目録記入を，各種の標目（タイトル，著者，件名，分類記号）を検索手段として，一定の順序で配列したもの」のことである。図書館が所蔵するメディアについて，さまざまな観点から探索する方法を提供し，その所在を示して，利用者のアクセスを支援するのが目録である。

　目録には，おおむねメディアごとに，著者名，タイトル，出版者名などの情報が記載され，メディアを検索，発見したり，検索結果から入手したいメディアを識別・選択し，入手するための情報を提供している。求めているメディアの特徴を表す情報を記録してあるため，例えば図書を一冊一冊開くことも，書架で直接図書にふれることもせずに，どのような図書が所蔵されているか確認することができる。また，コンピュータ目録で貸出情報も合わせて提供することができれば，検索時点で利用可能かどうかも，利用者は確認することができる。

　なお，目録と似たようなものとして，書誌（bibliography）がある。書誌とは，特定の主題に関するメディアのリストであり，メディアの所蔵，所在は示さない。目録には，第Ⅳ章で述べたような所在情報が含まれているが，書誌には含まれていないという違いがある。

　文部科学省の「学校図書館ガイドライン」では，「図書館資料を整理し，利用者の利便性を高めるために，目録を整備し，蔵書のデータベース化を図り，貸出し・返却手続及び統計作業等を迅速に行えるよう努めることが望ましい。また，地域内の学校図書館において同一の蔵書管理システムを導入し，ネットワーク化を図ることも有効である」と述べられている。2016 年

度の文部科学省による調査では，2015 年度末の時点で蔵書をデータベース化（いわば，目録のコンピュータ化）に取り組んでいる学校の割合は，小学校73.9%，中学校72.7%，高等学校91.3%である[注1]。学校図書館のネットワーク化が図られることによって，一度の検索で他の学校図書館の所蔵状況も確認でき，相互貸借の仕組みを整えている場合は，一層便利に活用できるだろう。

また，とくに学校図書館の目録の観点として，小山守恵は次のように整理している[注2]。

【1】資料活用を目的とした目録・データ

学校図書館が活用を主とした図書館であるためには，目録は資料保存ではなく資料活用を目的とした目録であることが重要で，それには，利用者である児童生徒，教員，授業担当者の視点での書誌データ採取が基盤になる。

【2】児童生徒の検索に対応できる目録・データ

児童生徒の主体的・自主的な探究活動を援助するために，①タイトルは必ずしも資料の主題を示していない。②資料の内容を丁寧に採取する。③目録規則に則り自校の校種，グレード，教育課程に適応した標目を用いて書誌データに付加する。④年齢のグレードと目録のグレードの関係に注意する。⑤児童生徒が自分の力で検索できることを想定する。

【3】教職員への学習支援を支える目録・データ

教職員にとって，①学習課程の課題に対応する資料データの出力。②過去〔いつ（学年），どのようなときに（科目），どのようなテーマで（課題テーマ）〕に利用した資料データの出力。これらが可能であることは学習支援に直結する。

児童生徒と教職員の両方のニーズに対応する目録を整備する必要がある。また，具体的なチェックポイントとして上記を活用することができるだろう。

2 目録の種類と特性

目録にはさまざまな種類があるが，形態にもとづく類別，内容にもとづく類別に大別できる。

（1）形態にもとづく類別

形態にもとづく類別とは，冊子目録，カード目録，コンピュータ目録など，目録データの提供形態による類別である。先述したように，現在では，学校図書館もコンピュータ目録が主流であるが，カード目録を作成している学校図書館もある。

カード目録は，カードの収納場所が必要であるという特徴がある。また，コンピュータ目録は，パソコンを用いてデータを管理できるという特徴がある。

なお，利用者が直接利用できるコンピュータ目録のことを，とくにOPAC（Online Public Access Catalog：オンライン利用者用目録）と呼び，学校図書館の担当者などに利用が限られているものと区別されている。

（2）内容にもとづく類別

また，内容にもとづく類別とは，大きく記述目録法によるものと主題目録法によるものに分けることができるが，いずれもカード目録に関連するものであるため，カード目録の記載事項について先に説明する。カード目録の記載事項の構成および記載例は，図表5－1のとおりである。

図表5－1　カード目録の記載事項（左）と記載例（右）

　記載事項の各部分は，以下のような名称，意味を持っている。
　1．標目…カードの見出し。カードの配列の第一の基準となる。
　2．記述…目録の本体。各メディアの書誌的事項（メディアの特徴）が
　　　　記録される。
　3．標目指示…2の記述に基づき，1の標目に記す内容を指示する。
　4．所在記号…分類記号や図書記号から成り，書架上の位置を表す。

　標目は，利用者が検索する際に手がかりとなる箇所である。この標目に著者名を記したものを著者目録，タイトル（書名）を記したものをタイトル目録（書名目録）と呼ぶ。著者目録は著者名から，タイトル目録はタイトルからそれぞれ検索することができる。図表5－1の右側の記載例では，標目に著者名が記載されているため，著者目録であるとわかる。分類目録や件名目録も同様に，標目に分類や件名を記し，検索に備えて用意される。
　なお，コンピュータ目録の場合は，検索の対象に応じて目録データを複数作るということはない。目録データのうち検索の対象にする書誌的事項を設定し，さまざまなアクセス・ポイントからの検索を保証できるような検索システムを整備していくこととなる。

3　目録のコンピュータ化

　先述したとおり，コンピュータ目録の普及が進んでいる。コンピュータ目録は，目録データの作成もコンピュータ上で行い，かつデータのコピーを容易に行えるという点が特徴である。
　現在のコンピュータ目録のデータの主な形式は MARC（MAchine Readable Catalog (ing)：マーク）である。MARC とは，機械可読目録（作業），つまり機械が読める形で表した目録，またはそのような形式の目録を作成することを表す。
　MARC にはいくつか形式や種類がある。代表的な形式（フォーマット）は MARC21 と呼ばれるものであり，書誌情報を扱う標準的なフォーマット

として広く普及している。アメリカの US MARC とカナダの CAN MARC が統合して作られたという背景を持つ。日本の国立国会図書館が作成する JAPAN/MARC も MARC21 のフォーマットに基づいている。

4　コンピュータ時代の目録規則と目録作業

　目録を作成する作業を目録作業と呼ぶ。コンピュータ時代の目録規則は，コピー・カタロギング（コピー目録作業）に対応できるものとなっている。例えば，図書館が扱うメディアの多くは，市販のものであるが，図書の場合，同じ ISBN（International Standard Book Number：国際標準図書番号）が付されていれば，同じ目録規則に基づいて目録を作成すると，ほぼ同一の目録を作成することができる。このような場合，その図書を所蔵する図書館それぞれが，自らの館で目録を作成する，いわゆるオリジナル・カタロギング（オリジナル目録作業）をすることには無駄が多い。どこか一館が作成した書誌データをコピーする，または，共同で目録を作成し，必要に応じて書誌データをコピーする，つまりコピー・カタロギングをすることによって目録作業を省力化できる。

　前者の，ある一館または書誌作成機関が書誌データを作成し，データを頒布する方式のことを集中目録作業と呼ぶ。また，後者の参加する館が共同で目録を作成することを共同（分担）目録作業と呼ぶ。このように他館とデータのやり取りをしたり，図書館ネットワーク間で統一的な検索を行うためには，データの標準化が必要になる。

　図書館や情報機関では，データの標準化のために，全世界規模で枠組みを整えたり，国際的な枠組みに基づき国内における標準的な規則を定めたりしてきた。そのような背景のもとで，例えば OCLC（Online Computer Library Center）という機関が中心となって，世界規模でのオンライン分担目録作業も実現されている（図表5－2）。

図表 5 - 2　OCLC が運営する WorldCat

https://www.worldcat.org/

　ただし，近年この国際的な目録の枠組みに大きな変化があった。1998 年
に IFLA（International Federation of Library Associations：国際図書館連
盟）から FRBR（Functional Requirements for Bibliographic Records：書
誌レコードの機能要件）という概念モデルが発表され，さらにその概念モデ
ルをもとに，2009 年に国際目録原則覚書（ICP：Statement of International
Cataloguing Principles），2011 年 に ISBD（International Standard
Bibliographic Description：国際標準書誌記述）の統合版が策定された（図
表 5 - 3）。

図表 5 - 3　国際的な目録の動向

各国
目録規則
の改訂

「ISBD統合版」，
「国際目録原則覚書
（ICP）」

（基礎としての）FRBR

FRBRでは，まず，書誌データを利用する利用者の行動をモデル化し，4つの段階に分解し，以下の4点として表している。なお，これらに基づいたメディアの探索については第Ⅳ章で言及している。

　　1．発見（Find）
　　　　求めるメディアを検索する
　　2．識別（Identify）
　　　　データが複数あるときに判別する
　　3．選択（Select）
　　　　データが複数あるときに選択する
　　4．入手（Obtain）
　　　　求めるメディアを入手する

　また，これ以降のモデルは，実体関連モデル（ERモデル：Entity Relationship）というモデル記述言語が用いられており，モデル化の対象を，実体とその関連からなるものとしている。例えば，図表5－4では，「著作」や「個人（著者）」が実体であり，2つの実体の関連は矢印の上に記されている「創造」である。「著作」は「個人（著者）」に「創造」され，「個人（著者）」は「著作」を「創造」するということを表している。また，実体には，特徴や性質を記録するための属性も定義することができ，図表5－4では，「著作」の属性として，著作のタイトル，形式，成立日付などが，著者の属性として，著者名，著者の所属や生年月日などが挙げられている。

図表5－4　実体関連モデル図の例

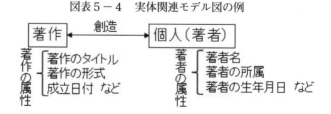

　そして，FRBR においては，実体は利用者の関心の対象であり，特定のメディアやその著者，製作者などが該当するが，下記の３つのグループに分けられる。

　　第１グループ　知的・芸術的活動の成果（著作，表現形，体現形，個別資料）
　　第２グループ　第１グループに責任を持つ（個人，団体，家族）
　　第３グループ　第１グループの主題（概念，物，出来事，場所）

　このうち，第１グループの「著作，表現形，体現形，個別資料」は，日常的な用語とは使い方がやや異なる。著作（Work）は「個別の知的・芸術的創造」であり，文字などの具体的な形に表現されていない段階である。表現形（Expression）は「著作の知的・芸術的実現」であり，著作が言語や版により特定された段階である。体現形（Manifestation）は「表現形の物理的な具現化」であり，表現形が具現化され出版事項や形態により特定された段階である。個別資料（Item）は「体現形の単一の例示」であり，個々の（一点一点の）資料＝メディアを表す。著作と表現形は形の無いもの，体現形と個別資料は形があるものである。具体例と対照させると図表５－５のようになる。

図表５－５　『源氏物語』と FRBR 第１グループ

著　作 Work	源氏物語
表現形 Expression	旧仮名遣い、他言語訳、現代語訳（与謝野晶子訳, 谷崎潤一郎旧訳、谷崎新訳、谷崎新々訳など）
体現形 Manifestation	【谷崎新々訳】全10巻別巻1巻　全5巻 彩色装画版　全1巻版 中央公論社 1964-65　中央公論社 1966　中央公論社 1987 ほか、中央公論社より、全5巻(1970-71)、全5巻「文庫版」(1973)、全10巻別巻1巻「新書版」(1979-80)など
個別資料 Item	一点一点の資料

画像出典，参考：立石和弘「源氏物語加工データベース」内「谷崎潤一郎」

http://genjiculturedb.in.coocan.jp/tanizaki.htm

ただし，実際に，著作や表現形を認定するのは難しいことである。手元にある個別資料から，体現形や，収録される表現形，著作を順次抽出して，識別同定することになるが，記述の共通点および相違点を確認することは，とくに言語が異なる場合に困難を極めるだろう。そのため，可能な限り共通した理解に基づき，著作や表現形を認定することになるが，その認定の方法が一つではないということは FRBR でも指摘されている。

　また，FRBR の特徴は，実体関連モデルにおける関連を重視するようになったことと，表現形を扱うようになったことである。前者については，関連を，実体の属性と分けて管理するようになったため，例えば目録を提供する際のリンク機能に落とし込みやすくなったと言える。また，後者については，内容的側面（コンテンツ）と物理的側面（キャリア）の整理ができ，精密に資料＝メディアの構造把握ができるようになった。

　この FRBR や，ICP を基盤として，図表 5 - 3 で示したとおり，各国の目録規則の改訂が進められた。その代表例として，2010 年に行われた『英米目録規則』（AACR：Anglo-American Cataloguing Rules）から『RDA』（Resource Description and Access）への更新が挙げられる。名称から目録規則（cataloging rules）という語が無くなったという点にも表れているように，規則の性格は抜本的な変化があった。

　なお，その後 2017 年に，IFLA によって，FRBR と，典拠データを対象とする FRAD（Functional Requirements for Authority Data），主題典拠データを対象とする FRSAD（Functional Requirements for Subject Authority Data）の 3 つを統合した IFLA LRM（Library Reference Model）という新しい概念モデルが策定された。『RDA』は 2018 年 6 月に，こちらのモデルに対応したベータ版の公開を行っている。日本の目録規則への反映も必要性が認識されているものの[注3]，本稿執筆時点（2019 年 10 月）では反映されていない。

5　日本目録規則（NCR）の概要

　『日本目録規則』（Nippon Cataloging Rules ＝ NCR）は，日本の標準的な目録規則であり，日本において現在最も広く使われている。日本目録規則という名称が使われ始めたのは 1943 年に青年図書館員聯盟が刊行した『日本目録規則 1942 年版』からであるが，第二次世界大戦後，同規則は日本図書館協会により改訂が行われている。

　最新版は『日本目録規則 2018 年版』（以下「NCR2018」）という名称であり，2018 年 12 月に印刷体が発刊され，2019 年 1 月にウェブ版が公表された。この最新版は，先述した FRBR や ICP，RDA の影響を受けるとともに，コンピュータ目録を前提とした規則となっている。この変化を，1 つ前の版にあたる，2006 年に発行された『日本目録規則 1987 年版改訂 3 版』（以下「NCR87R3」）の構成と比較し，確認してみよう（図表 5 － 6）。

図表 5 － 6　NCR87R3 と NCR2018 の構成（抜粋）

NCR87R3	NCR2018
第Ⅰ部　記　述 　1章 記述総則，2章 図書， 　3章 書写資料，4章 地図資料， 　5章 楽譜，6章 録音資料， 　7章 映像資料，8章 静止画資料， 　9章 電子資料，10章 博物資料， 　11章 点字資料， 　12章 マイクロ資料， 　13章 継続資料 第Ⅱ部　標　目 　21章 標目総則，22章 タイトル標目， 　23章 著者標目，24章 件名標目， 　25章 分類標目，26章 統一タイトル 第Ⅲ部　排　列 　31章 排列総則，32章 タイトル目録， 　33章 著者目録，34章 件名目録， 　35章 分類目録	第1部　総説 第2部　属性 　＜属性の記録＞ 　セクション1　属性総則 　セクション2　著作，表現形，体現形， 　　　　　　　個別資料 　セクション3　個人・家族・団体 　セクション4　概念，物，出来事，場所 　＜アクセス・ポイントの構築＞ 　セクション5　アクセス・ポイント 第3部　関連 　セクション6　関連総則 　セクション7　資料に関する関連 　セクション8　その他の関連

NCR87R3では,「第Ⅰ部 記述」,「第Ⅱ部 標目」と,いずれもカード目録の構成（図表5－1）を基礎としており,かつ第Ⅲ部は,主に目録カードの並べ方である「排列」に関する規則をそれぞれ掲載していたが,NCR2018では,FRBRなどの概念モデルに合わせ「第1部 総説」,「第2部 属性」,「第3部 関連」という構成とし,扱う実体ごとの章立てとなっている。関連が重視されるようになった一方で,コンピュータ目録の場合に相対的に重要度が低くなる「排列」は扱われなくなった。

　また,NCR87R3では,図書,書写資料というようにメディア種別ごとに章立てがなされていたが,NCR2018では,メディア種別による章立ては行われていない。これは,コンテンツ（内容的側面）とキャリア（物理的側面）の混同によって,電子書籍（「電子媒体」の「図書」等）のような複数のメディアの種別としての特徴をもつメディアへ対応することが困難だったAACR2から,メディアの種別による章立てを廃し,かつ内容的側面と物理的側面の整理を図ったRDAへの変化にならっている。

　さらに,NCR2018のセクション2,3において,FRBRなどに準拠して,著作や個人等を実体としてとらえるとともに,典拠データを作成・管理する典拠コントロールの作業を規則上に明確に位置づけたこともNCR2018の特徴である。

　構成だけを見てもこれだけの変化があるが,NCR87R3で重視されてきたISBD区切り記号法（ISBDとして定められた,データの区切り方）のような,エンコーディング方式（メタデータの構文的側面）をNCR2018では規定していないこともあり,NCR2018を採用すると決めただけでは,データ作成作業を行うことができず,用いる書誌フレームワークの選定や,入力方針の検討が欠かせないという点も大きな変化であると言える。

　一方で,RDAがAACRおよびAACR2で作られた過去のデータとの継続性も考慮された作りになっているのと同様に,NCR2018もNCR87R3からの継続性を意識された規則となっている。

　今後,学校図書館でもNCR2018の導入が進められていくものと考えられ

るが，現在は導入の準備段階にあり，普及が進んでいるとは言えない状況である。また，現時点では，少数派ながらもカード目録の形態を採用している学校図書館もあることなどを考慮し，次項では NCR87R3 に則った目録作業について見ていく。

6　目録作業の実際

　目録作業の実際について述べる。まず，全国学校図書館協議会による「学校図書館に関する職務分担表」には，「メディア目録の作成と編集，目録作業」の担当は，「校長○，司書教諭○，学校司書◎，教職員○」と表されている。

　また，目録作業は，本節（4）でふれたように，オリジナル目録作業（オリジナル・カタロギング）とコピー目録作業（コピー・カタロギング）に分けることができる。コピー・カタロギングを活用することで，目録作業を大幅に省力化することができる。その分，後述するように，充実した目録の作成に注力することもできるだろう。しかし，オリジナル・カタロギングのための能力の研さんも怠ってはいけない。コピー・カタロギングを行ったとしても最終的な目録データに責任を持ち管理をするのは学校図書館の担当者自身だからである。

（1）オリジナル・カタロギング

　学校図書館は多様なメディアを扱うとは言え，その大部分は図書である。例えば，全国学校図書館協議会の「学校図書館メディア基準」で，学級数6以下の小学校の場合，各メディアの最低基準数は図表5－7のようになり，児童数を少なく見積もっても，メディアの9割以上が図書であることになる。

図表 5 - 7

「学校図書館メディア基準」による最低基準数（学級数6以下の小学校の場合）

メディア名	最低基準数	備考
図書	15000 + 2 × P（児童数）冊	―
新聞	3タイトル	―
雑誌	15タイトル	―
オーディオ・ソフト（カセットテープ，CD，MD等の録音資料）	400本	―
ビデオ・ソフト（LD・DVD等の映像資料）	300本	―
コンピュータ・ソフト（CD-ROM，DVD-ROM等のコンピュータ資料）	200本	OS，図書館管理用，ワープロ等のソフトを除く。

　そのため，ここでは一般的な学校図書館で主流なメディアである図書を中心に記録の方法を確認していく。なお，図書以外のメディアについては，NCR87R3の第Ⅰ部のうち，1章の記述総則と，該当するメディアの章を確認してほしい。

　NCR87R3の規則のうち，図書の目録作成に関連する主な内容を記す。主として日本語で書かれた資料を対象としているが，洋書にも適用できる。また，NCR87R3では，原則として単行書を記述の対象とするが，シリーズ等の単行書の集合については集合レベルで，また，形態としては一冊にまとまった論文集のうち一点一点の論文のような構成部分については構成レベルで記録することもできる。

　まず，記述の拠り所となる情報源と優先順位は，次のとおりである。

記述の情報源
　　1．標題紙（標題紙裏を含む），奥付，背，表紙
　　2．図書本体の1以外の部分
　　3．カバー，箱等

4．その図書以外の情報源

　1が最も優先順位が高く，数字が大きくなるほど優先順位は低くなる。ただし，記述すべき書誌的事項によって，参考にできる情報源は異なる。それを整理すると次のようになる。

　記述すべき書誌的事項とその情報源
　　タイトルと責任表示，版，出版・頒布等…標題紙(標題紙裏を含む),奥付,
　　　　　　　　　　　　　　　　　　　　　背，表紙から
　　形態，シリーズ…その図書から
　　注記，標準番号（ISBN），入手条件，定価…どこからでも

　NCR87R3 に基づくカード形式の目録の記載方法は図表５－８のようになる。目録中の△の記号はスペースを表す。また，記述の精粗には３種類あるが，今回は標準的な第２水準（改行式）を取り上げる。

図表５－８　NCR87R3 第２水準（改行式）の記述

本タイトル△［資料種別］△：△タイトル関連情報△／△責任表示．△―△版表示△／△特定の版にのみ関係する責任表示←
資料（または刊行方式）の特性に関する事項←
出版地または頒布地等△：△出版者または頒布者等，△出版年または頒布年等←
特定資料種別と資料の数量△：△その他の形態的細目△；△大きさ△＋△付属資料．△―△（本シリーズ名△／△シリーズに関連の責任表示，△シリーズのISSN△；△シリーズ番号．△下位シリーズの書誌的事項）△←
注記←
標準番号

※△はスペース，←は改行を表している。

タイトルと責任表示に関する事項，版に関する事項，出版・頒布等に関する事項，シリーズに関する事項は，原則としてその図書に表示されているままに記録する（転記の原則）。ただし，タイトルと責任表示以外の書誌的事項においては，数量や順序などを示す数字はアラビア数字に統一する。

　これ以降は，書誌的事項ごとに規則を示す。

①タイトルと責任表示に関する事項

　図書に表示されているか，表示がない場合でも，それによって図書が同定識別される固有の名称が「本タイトル」である。本タイトルには，別個に刊行された部編や付録などのタイトル（従属タイトル）を含む。従属タイトルを記録する際には，本体をなす共通タイトルとの間に，ピリオド，スペースを入れる。

　　例）日本の陶磁. △古代中世編

ルビは，それが付されている語の直後に丸括弧を伴って付記する。

　　例）青い思想△（こころ）△／△斉藤克己著

　　　　私△（マコ）△だけの北極点△／△和泉雅子著

　本タイトルの別言語および別の文字のタイトルで，所定の情報源に表示されているものが「並列タイトル」である。並列タイトルと同じ言語および同じ文字で本文がある場合，本文はないが所定の情報源に原タイトルとして示されていたり本タイトルと同等に表示されている場合に記録する。並列タイトルを記録する際には，イコールの記号を伴って本タイトルに続けて記録する。

　　例）斜長石光学図表△＝△Charts of plagioclase optics
　　　　（注記「英文併記」）

　サブタイトルや，本タイトルの上部や前方の位置に表示されるタイトル先

行事項を含むタイトル関連の情報が「タイトル関連情報」である。タイトル関連情報は，図表５−８のように，本タイトルに続けて，セミコロンを伴って記録する。

　責任表示には，直接的な著作者（本文の著者，編さん者，画家など）のほか，間接的な原作者，編者，訳者，脚色者なども含む。タイトルに続けて，その図書の著者（個人または団体）に著作の種類を示す語（著，共著，作，画，編等）を付したものを記録する。

　２以上の個人や団体が表示されている場合，同一の役割を果たしている場合は，コンマでつなぎ，異なる役割を果たしている場合は，セミコロンでつなぐ。また，同じ役割の個人や団体の数が２までの時はそのまま記録するが，３以上のときは，主なもしくは最初の名称一つを記録し，他は［ほか］と補記して省略する。

　　　例）著者，訳者いずれも２名
　　　　　チャールズ・バーチ，△ジョン・B・コップ著△；△長野敬，△川口啓明訳
　　　例）著者が３名以上
　　　　　三木清△［ほか］△著

②版に関する事項

　情報源における表示のまま記録するが，数字はアラビア数字とする。刷次は記録しない。

③出版・頒布等に関する事項

　出版地と頒布地，出版者と頒布者，出版年と頒布年，いずれも双方の表示がある場合には，原則として出版の方のみを記録する。

　日本の出版地は，出版者が所在している市町村名を記録する。ただし，識別上必要があるときは，都道府県名を付記または補記する。なお，市名の「市」は記録しない。東京都特別区は「東京」とのみ記録する。

例）東京

　　府中△（東京都）　※付記…所定の情報源に表示あり
　　府中△［広島県］　※補記…所定の情報源に表示なし

　出版者は，記述対象の出版等について責任がある個人もしくは団体の名称である。その図書に表示されている名称を記録する。ただし，株式会社のような，出版者名等に付されている法人組織を示す語は省略する。ISBN コードなどが付されていない私家版は個人名を記録する。

　　例）東京△：△丸善　（標題紙の表示「丸善株式会社」）

　出版年は，記述対象とする図書の属する版が最初に刊行された年を西暦で記録する。出版年の表示がないときは頒布年を，これらがないときは著作権表示年を，その表示もないときは印刷年を記録する。その際，頒布年と印刷年の後ろには「発売」「印刷」などの役割を示す語を，著作権表示年の前には著作権（copyright）を示す「c」を付加する。また，これらのいずれも表示がないか，不明のときは，本文等によってその図書のおおよその出版年代を推定し，これを角括弧に入れて記録する。

　　例）1982
　　　1977 印刷
　　　c1976
　　　［1975］
　　　［1970 頃］

④形態に関する事項
　印刷されたページ付等の最終数をアラビア数字で記録し，「p」を付加した形で表す。資料によって，「丁」「枚」「欄」を付加することもある。ページ付けのない図書は，全体のページ数を数え，そのページ数を角括弧に入れ

て記録するが，ページが大量である場合は「1 冊」と記録する。

　　例）48p

　ページ付が 2 種以上に分かれた図書は，各ページ付ごとにコンマで区切って記録する。図版があるときは，本文のページ数に続けて「図版」としてそのページ数または枚数を記録する。

　　例）22，△457，△64p
　　　　45p，△図版 162p

　大きさは，外形の高さを cm の単位で，端数を切り上げて記録する。外形の高さが 10cm 以下のものは，センチメートルの単位で小数点以下 1 桁まで端数を切り上げて記録する。
　付属資料は，ある図書と同時に刊行され，その図書とともに利用するようになっている付属物を指す。形態に関する事項の最後に，プラスの記号を冠し，その付属資料の特性を示す語句を記録する。

　　例）…△＋△別冊△（150p △ ；△ 20cm）

⑤シリーズに関する事項
　本シリーズ名と，並列シリーズ名およびシリーズ名関連情報との関係性や記録の方法は，タイトルと同様である。
　図書が 2 以上のシリーズに属している場合，それらのシリーズが包含関係にあるかどうかを確認する必要がある。包含（あるシリーズが，別のあるシリーズを含む）関係にない場合には，それぞれのシリーズの書誌的事項を別々に記録する。包含関係にある場合には，包含される方のシリーズを下位シリーズとして記録する。

別々に記録する例）

　　（現代俳句選集△；21）△（河叢書△；△第31編）

　下位シリーズの例）スポーツ・ビギニング・シリーズは，スポーツ叢書
の一部

　　（スポーツ叢書△；△第122.△スポーツ・ビギニング・シリーズ△；△2）

⑥注記に関する事項

　目録を作成する図書館が各書誌的事項の記述に説明を加える必要があると
認めた時に記録する。注記には，「導入語：△」を冠して記す定型のものと，
自由な形式で記す不定形のものがある。

⑦ISBN，入手条件に関する事項

　ISBNを例のように記録する。なお，図書に2以上の国別記号をもつ
ISBNが表示されているときは，日本の国別記号（4）をもつISBNを記録
する。

　　例）ISBN 978-4-8204-8206-2

　入手条件としては，図書に表示されているままの定価や，その図書の入手
可能性を示す語句などを記録する。定価は，ISBNに続けて，通貨の略語を
冠して記録する。

　　例）ISBN 978-4-8204-8206-2 △：△¥7500

　以下に，演習問題として，目録作成に必要な情報を記す。NCR87R3を実
際に確認・参照したうえで，演習問題に取り組んでほしい。

（2）演習問題

・演習問題１　左：標題紙，右：奥付

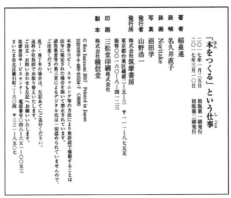

図書の外形　19.6cm × 13.5cm　　　　ページ付　235p

・演習問題２　左：標題紙，右：奥付

図書の外形　22.7cm × 18.8cm　　　　ページ付　47p

・演習問題3　左：標題紙，右：奥付

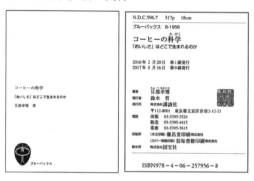

図書の外形　17.3cm × 11.3cm　　　　　ページ付　317p

・演習問題4　左：標題紙，右：奥付

図書の外形　28.3cm × 21.3cm　　ページ付　207p　DVD1枚付属

・演習問題5（映像メディア）　パッケージ裏面

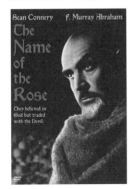 

ディスクの大きさ　12cm

『薔薇の名前』DVD 特別版 ¥1,429 ＋税

・演習問題6（継続刊行物）奥付

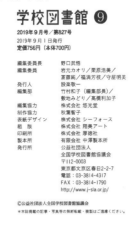

外形　25.7cm × 18.2cm　　ISSN　0435-0405

（3）コピー・カタロギング

　コピー・カタロギングでは，国立国会図書館や書誌作成機関が作成した書誌データを利用し，コピーしたうえで，所在記号などの各図書館ならではの項目を付加し，目録を完成させるという手順になる。この際，自館の目録の形式が，カード目録か，コンピュータ目録かによって手順は異なってくる。カード目録の場合は，コンピュータ目録と同様のデータを作成してから，さらにカードの形式に表して印刷することが必要になる。

　ここでは，だれもが無償で利用できる国立国会図書館による書誌データの利用方法について述べる。国立国会図書館は，「国立国会図書館法」に定められた納本制度に基づき収集したメディアに対して，書誌データを作成しており，これを全国書誌データと呼ぶ。

　この全国書誌データをダウンロードできるシステムが，NDL-Bib である。2018 年 1 月に開始されたサービスであるが，2020 年 12 月にはサービスが終了し，その後は国立国会図書館サーチ（NDL サーチ）に一本化され，新しい形での書誌データの提供が予定されている。

　全国書誌データの利活用に関する情報は，国立国会図書館ウェブサイトの「全国書誌データ利用のためのクイックガイド」（https://www.ndl.go.jp/jp/data/data_service/quickguide/index.html）というページにまとめられており，NDL-Bib の詳しい使用方法も掲載されている。また，将来的に NDL-Bib のサービスが終了した後のデータのダウンロード方法に関する情報も，こちらから入手できるものと考えられる（NDL-Bib は 2020 年 12 月で終了）。

図表 5 － 9　NDL-Bib トップページ（https://ndl-bib.ndl.go.jp/）

　ダウンロードした書誌データをコピーして目録作業を省力化し，代わりに図書館独自のデータを追加し，目録の充実化を実現することができる。図書館独自のデータの例として，国立国会図書館による全国書誌データ利活用研修会の講義資料では，調べ学習等で活用できるような内容に関する注記（人物情報，地名情報），入試に出題された作品の情報，児童生徒が使いやすいキーワード（件名），目次情報，バンド・スコアの曲名，絵本・紙芝居・CD-ROM 等の形態に関する情報などが挙げられている[注4]。

　また，すでに述べた小山守恵のチェックポイントを参考にすると，対象学年，教科，単元に関する情報を付与しておくことで，教職員のニーズに対応できると考えられる。

（下山佳那子）

〈注〉
（注1）文部科学省児童生徒課「平成 28 年度「学校図書館の現状に関する調査」結果について」2016 年
（注2）小山守恵「第6章学校図書館メディア　第2節学校図書館メディアの組織化　4目録」全国学校図書館協議会監修『司書教諭・学校司書のための学校図書館必携：理論と実践　改訂版』悠光堂　2017 年　p.160-161
（注3）日本図書館協会目録委員会編「目録委員会報告」『日本目録規則 2018 年版』日本図書館協会　2018 年　p. 8　（https://www.jla.or.jp/Portals/0/data/iinkai/mokuroku/ncr2018/ncr2018_--r_201812.pdf［2019 年 10 月 15 日現在参照可］）
　　　日本図書館協会目録委員会編「序説」『日本目録規則 2018 年版』日本図書館協会　2018 年　p.11（https://www.jla.or.jp/Portals/0/data/iinkai/mokuroku/ncr2018/ncr2018_--_201812.pdf［2019 年 10 月 15 日現在参照可］）
（注4）邊見由起子「全国書誌データ：特長，利用方法と利活用事例紹介」（http://crd.ndl.go.jp/jp/library/documents/h30guidance_data_service1.pdf［2019 年 10 月 15 日現在参照可］）

〈参考文献〉
・日本図書館情報学会用語辞典編集委員会編『図書館情報学用語辞典　第4版』丸

善出版　2013 年
・小田光宏編『学校図書館メディアの構成』樹村房　2016 年
・全国学校図書館協議会「学校図書館に関する職務分担表」（http://www.j-sla.
　or.jp/pdfs/20190101syokumubuntanhyou.pdf ［2019 年 10 月 15 日現在参照可］）
・日本図書館協会編『日本目録規則 1987 年版改訂 3 版』日本図書館協会　2006 年
・日本図書館協会目録委員会編『日本目録規則 2018 年版』日本図書館協会　2019
　年（https://www.jla.or.jp/committees/mokuroku/ncr2018/tabid/787/Default.
　aspx ［2019 年 10 月 15 日現在参照可］）
・田窪直規編著『情報資源組織論　改訂』樹村房　2016 年
・上田修一，蟹瀬智弘著『RDA 入門：目録規則の新たな展開』日本図書館協会
　2014 年
・根本彰，岸田和明『シリーズ図書館情報学：情報資源の組織化と提供』東京大学
　出版会　2013 年
・Tillett, Barbara B. ［ほか］『RDA 資源の記述とアクセス：理念と実践』樹村房
　2014 年
・IFLA Study Group on the Functional Requirements for Bibliographic Records
　ら『書誌レコードの機能要件：IFLA 書誌レコード機能要件研究グループ最終報
　告（IFLA 目録部会常任委員会承認)』日本図書館協会　2004 年
・野口武悟（記録）「情報資源組織化が切り拓く未来 -RDA, 新 NCR, BIBFRAME,
　Linked Data がもたらすもの -」『日本図書館情報学会誌』vol.62, no.1　2016 年
　p.72-77
・柴田洋子「ウェブで広がる図書館のメタデータを目指して—RDA と BIBFRAME」
　『カレントアウェアネス』no.322　2014 年　p.17-21
・和中幹雄「AACR2 改訂と FRBR をめぐって−目録法の最新動向−」『カレント
　アウェアネス』no.274　2002 年　p.11-14
・蟹瀬智弘「所蔵目録からアクセスツールへ：RDA（Resource Description and
　Access）が拓く新しい情報の世界」『情報管理』vol.56, no.2　2013 年　p.84-92
・高野真理子「RDA を読んでみよう！」『IAAL ニュースレター』no.12　2013 年
　p.2-5
・バーバラ B. ティレット「『RDA』：図書館をセマンティック・ウェブに適したも
　のに」『カレントアウェアネス』no.311　2012 年　p.17-23
・和中幹雄「目録に関わる原則と概念モデル策定の動向」『カレントアウェアネス』
　no.303　2010 年　p.23-27

・バーバラ B. ティレット「FRBR モデル（書誌レコードの機能要件）」（https://www.nii.ac.jp/publications/CJK-WS/cjk3-07b.pdf[2019年10月15日現在参照可]）
・Barbara B. Tillett.「The FRBR Model (Functional Requirements for Bibliographic Records)」. Library of Congress. (https://www.loc.gov/catdir/cpso/frbreng.pdf［2019年10月15日現在参照可]）
・蟹瀬智弘「RDA に見るこれからの図書館像」IAAL. (https://www.iaal.jp/_files/rda/others_20131107sidaitokyo.pdf［2019年10月15日現在参照可]）
・蟹瀬智弘「NACSIS-CAT における RDA 的要素：RDA 実装の一例として」. IAAL. (https://www.iaal.jp/_files/rda/others_20131026josoken.pdf［2019年10月15日現在参照可]）
・高野真理子「RDA 講習会　プロローグ：RDA とはどのようなものか」IAAL. (http://www.iaal.jp/_files/rda/rireki_3_kyousai_130928osaka01.pdf［2019年10月15日現在参照可]）
・高野真理子「RDA 概論：RDA とはどのようなものか」. IAAL. (http://www.iaal.jp/_files/rda/others_20131216tohokuhaifu.pdf[2019年10月15日現在参照可]）
・国際図書館連盟（IFLA）目録分科会. 国立国会図書館収集書誌部訳「国際目録原則覚書」IFLA. (https://archive.ifla.org/VII/s13/icp/ICP-2009_ja.pdf［2019年10月15日現在参照可]）
・IFLA Study Group on the Functional Requirements for Bibliographic Records.「Functional Requirements for Bibliographic Records」IFLA. (https://www.ifla.org/publications/functional-requirements-for-bibliographic-records［2019年10月15日現在参照可]）
・渡邊隆弘「新しい『日本目録規則』のすがた：何が新しくなるのか」『現代の図書館』vol.55, no.4　2017年　p.167-176
・渡邊隆弘「『日本目録規則 2018 年版』のはじまり：実装に向けて」『カレントアウェアネス』no.340　2019年　p.12-14
・斎藤純［ほか］「特集さまざまな学校図書館メディア取扱いの基本」『学校図書館』no.827　2019年　p.15-48

学校図書館メディア組織化の実際：主題索引法

1　主題索引法の意義

　一般的にメディアを探す場合，書名や著者名により探すことは少なくない。しかし，学校図書館において児童生徒がメディアを探す際，書名や著者名によることは，文学作品を除きそれほど多くはない。とくに調べ学習や探究型の学習では，何らかの「調べたいこと（テーマ・主題）」があり，それに関するメディアを探すことが一般的である。これを可能とするためには，学校図書館としてそれらのメディアがどのような内容に関するものなのか，すなわちその主題は何かを把握し，体系的な索引として組織化して，主題からの検索を可能とする必要がある。

　主題索引の方法としては，主題に対応する記号をメディアに付与し，これを体系的に配列することでメディアの検索を可能とする「分類法」と，メディアの主題を表す語（名辞）を適切に表す索引語（件名標目）を付与することでメディアの検索を可能とする「件名標目法」がある。

2　分類法

　分類とは，似たものを「分ける」ことにより似たものを「集める」ことである。これは一見矛盾するが，両義的で相互補完的である。

　例えば，動物を分類する場合，脊椎の有無という一定の目安に従って，これを２つに区分することができる。その結果，脊椎動物と無脊椎動物という集まりができることとなる。さらに，動物は植物などとともに上位の概念である生物という類を構成し，逆に脊椎動物は魚類や鳥類，哺乳類などの下位の概念に区分されるというように，分類は階層的に体系化されたものとなる。

　あらゆる知識に関するメディアを収集する図書館においては，そのすべて
を一定の原理に従って区分し順序づけることによって体系化し分類する必要
がある。そのための分類法としては，一貫性かつ網羅性があるものが求めら
れる。

　日本の公共図書館，大学図書館，学校図書館の大半では，日本十進分類法
（Nippon Decimal Classification ＝ NDC）[注1] が使用されている。また，文
部科学省の「学校図書館ガイドライン」においても，メディアの整理・配架
について，「学校は，図書館資料について，児童生徒及び教職員がこれを有
効に利活用できるように原則として日本十進分類法（NDC）により整理し，
開架式により，配架するよう努めることが望ましい」とされている。今後，
児童生徒の将来にわたる図書館の利用を考えたとき，学校図書館においても
NDC を使用するのが適切であろう。

（1）日本十進分類法（NDC）

　NDC は，森清（1960-1990）によって編まれ，最初の版は 1929 年に刊行
された。1950 年刊行の新訂 6 版以降は，日本図書館協会が改訂・維持・管
理をしており，最新版は，2014 年に刊行された『日本十進分類法新訂 10 版』
（NDC10）である。

　NDC は，1948 年に文部省刊行の『学校図書館の手引』に掲載されて以
来，学校図書館でも広く利用されている。また，公共図書館，大学図書館も
NDC を採用しており，現在，大半の図書館で採用されている分類法である。
NDC のように，多くの図書館において採用されている分類法を「標準分類法」
という。

　また，NDC は個々の図書の主題をことばではなく，記号（0 から 9 まで
の数字）で表すが，そのすべてが分類表にまとめられている。メディアを分
類する際は，その表の中から主題に対応する分類記号を選択することになる。
このように，あらかじめ列挙された分類項目により分類する方法を「列挙型
分類法」という。

① NDC の構成

　NDC10 は，「本表・補助表編」と「相関索引・使用法編」の2冊から構成されている。本表は NDC の核となる十進分類記号が列挙された表である。補助表は本表で区分した分類記号に付加して使用する記号表であり，本表の記号に対して補助的に使用する。また，相関索引は，ことばから分類記号を検索できるように，分類項目を五十音順に並べたものである。

② NDC の階層構造と記号法

　NDC では，まず，あらゆる主題を「哲学」「歴史」「社会科学」「自然科学」「技術」「産業」「芸術」「言語」「文学」という9つの分野に区分して，1から9の記号で表す。そして，9区分のどこにも入らない主題や各分野にまたがる総合的な主題を「総記」としてまとめ，0で表す。こうしてできた10区分が第1次区分（「類」）で，これを一覧にしたものが「第1次区分表（類目表）」（図表6－1）である。

図表6－1　第1次区分表（類目表）^{（注2）}

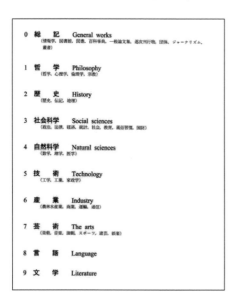

0	総　記	General works
	（情報学, 図書館, 図書, 百科事典, 一般論文集, 逐次刊行物, 団体, ジャーナリズム, 叢書）	
1	哲　学	Philosophy
	（哲学, 心理学, 倫理学, 宗教）	
2	歴　史	History
	（歴史, 伝記, 地理）	
3	社会科学	Social sciences
	（政治, 法律, 経済, 統計, 社会, 教育, 風俗習慣, 国防）	
4	自然科学	Natural sciences
	（数学, 理学, 医学）	
5	技　術	Technology
	（工学, 工業, 家政学）	
6	産　業	Industry
	（農林水産業, 商業, 運輸, 通信）	
7	芸　術	The arts
	（美術, 音楽, 演劇, スポーツ, 諸芸, 娯楽）	
8	言　語	Language
9	文　学	Literature

次いで，第1次区分で0～9類に分けたそれぞれの主題について，さらに1～9と0に分ける。これで100区分ができる。これを一覧にしたものが「第2次区分表（綱目表）」である（図表6－2）。例えば，3類「社会科学」が31「政治」から39「国防．軍事」と30「社会科学」に区分されている。

　さらに，第2次区分で分けた100区分それぞれについて，さらに1～9と0に分けたものが第3次区分であり，一覧にしたものが「第3次区分表（要目表）」である（巻

図表6－2　第2次区分表（綱目表）^(注3)

00	総記	50	技術．工学
01	図書館．図書館情報学	51	建設工学．土木工学
02	図書．書誌学	52	建築学
03	百科事典．用語索引	53	機械工学．原子力工学
04	一般論文集．一般講演集．雑著	54	電気工学
05	逐次刊行物．一般年鑑	55	海洋工学．船舶工学．兵器．軍事工学
06	団体．博物館	56	金属工学．鉱山工学
07	ジャーナリズム．新聞	57	化学工業
08	叢書．全集．選集	58	製造工業
09	貴重書．郷土資料．その他の特別コレクション	59	家政学．生活科学
10	哲学	60	産業
11	哲学各論	61	農業
12	東洋思想	62	園芸．造園
13	西洋哲学	63	蚕糸業
14	心理学	64	畜産業．獣医学
15	倫理学．道徳	65	林業．狩猟
16	宗教	66	水産業
17	神道	67	商業
18	仏教	68	運輸．交通．観光事業
19	キリスト教．ユダヤ教	69	通信事業
20	歴史．世界史．文化史	70	芸術．美術
21	日本史	71	彫刻．オブジェ
22	アジア史．東洋史	72	絵画．書．書道
23	ヨーロッパ史．西洋史	73	版画．印章．篆刻．印譜
24	アフリカ史	74	写真．印刷
25	北アメリカ史	75	工芸
26	南アメリカ史	76	音楽．舞踊．バレエ
27	オセアニア史．両極地方史	77	演劇．映画．大衆芸能
28	伝記	78	スポーツ．体育
29	地理．地誌．紀行	79	諸芸．娯楽
30	社会科学	80	言語
31	政治	81	日本語
32	法律	82	中国語．その他の東洋の諸言語
33	経済	83	英語
34	財政	84	ドイツ語．その他のゲルマン諸語
35	統計	85	フランス語．プロバンス語
36	社会	86	スペイン語．ポルトガル語
37	教育	87	イタリア語．その他のロマンス諸語
38	風俗習慣．民俗学．民族学	88	ロシア語．その他のスラブ諸語
39	国防．軍事	89	その他の諸言語
40	自然科学	90	文学
41	数学	91	日本文学
42	物理学	92	中国文学．その他の東洋文学
43	化学	93	英米文学
44	天文学．宇宙科学	94	ドイツ文学．その他のゲルマン文学
45	地球科学．地学	95	フランス文学．プロバンス文学
46	生物科学．一般生物学	96	スペイン文学．ポルトガル文学
47	植物学	97	イタリア文学．その他のロマンス文学
48	動物学	98	ロシア・ソビエト文学．その他のスラブ文学
49	医学．薬学	99	その他の諸言語文学

末資料)。例えば，31「政治」は311「政治学．政治思想」から319「外交．国際問題」と310「政治」に区分されている。

第1次区分表（類目表）から第3次区分表（要目表）までをまとめて「要約表」という。

第3次区分をさらに細かく区分したのが「細目表」である。細目表は，必要な部分だけを第4次区分，第5次区分と展開していく（図表6－3）。

NDCでは，3桁までの記号を基本としており，3桁を超える場合には，3桁と4桁の間にピリオドを付けて表現する。数字は記号であり，数値を表す自然数ではないので，374.1であれば「サン，ナナ，ヨン，テン，イチ」とそのまま一桁ずつ読むことが定められている。

図表6－3　細目表（抜粋）^(注4)

374	学校経営・管理．学校保健　School administration
	＊ここには，小中高等学校に関するものを収め，大学の管理は377.1に収める
.1	学級経営・編成，指導要録，成績管理
	＊学級文庫→017.2
.12	小　学　校
.13	中　学　校
.14	高等学校
.2	生徒論：男女共学，共学問題
.3	教　職　員　→：373.7
.35	教職：教職実務，教職技術，教職教養，教案［指導案］の書き方，板書
.37	教員労働，教員組合
.4	学校行事：学校儀式

③階層構造の調整

前述のとおり，NDCではすべての主題の概念を10区分ずつ階層的に区分しており，原則として桁数が多いものは桁数が少ないものの下位レベルの概念となっている。しかし，世の中の事象をすべて10区分ずつに区切ることは不可能であるため，10区分で不足する場合や逆に余る場合が生じるものがある。そのため，同一レベルの概念でも下位の記号を付したり，下位レベルの概念に同一レベルの記号を付したりしているものがある。

例えば，第2次区分表（綱目表）（図表6－2）における「10哲学」の綱について，「16宗教」は同一レベルの概念であるが，記号法上は下位区分（2

桁）の記号が割り当てられている。両者が同一レベルであることを示すため，「宗教」の文字を１文字分左に上げ，かつ太字（ゴシック体）で示している。同様のものに「29 地理．地誌．紀行」「49 医学．薬学」「59 家政学．生活科学」「78 スポーツ．体育」「79 諸芸．娯楽」がある。

　反対に，「40 自然科学」では，「47 植物学」「48 動物学」がその上の「46 生物科学．一般生物学」の下位レベルの概念であるが，記号法上は同一区分の記号が割り当てられている。そのことを示すため，植物学や動物学の文字を１文字分右に字下げしている。

④補助表

　前述のとおり，NDC は分類項目が細目表の中にあらかじめ列挙されている列挙型分類法であるが，用意されている分類記号にさらに各種の「区分」と呼ばれる記号を付加することで，形式，地域や時代などを詳細に表現することを可能としている。この記号合成のための「区分」を収めた表が補助表であり，一般補助表と固有補助表の２種類がある。

　一般補助表は，細目表の全分野で使用可能なもの，または部分的ではあっても２つ以上の類で使用されるものであり，「形式区分」およびその一部を展開した「地理区分」，「海洋区分」「言語区分」の３種４区分ある。

　固有補助表は，１つの類またはその一部分についてのみ使用されるもので，全部で 10 種ある。

　補助表のどの記号も単独で用いることはなく，必ず細目表の分類記号の後に付加する形で使用する[注5]。

　　例）486（昆虫類）＋ -038（図鑑）→ 486.038（昆虫図鑑）

　　　　778.2（各国の映画）＋ -35（フランス）→ 778.235（フランス映画）

ただし，蔵書数が限られる学校図書館では，補助表を用いてまで詳細に区分する必要性は少ない。

⑤相関索引

　相関索引は，分類項目に使用されている語や関連のある語を索引語とし，五十音順，アルファベット順に並べ，それぞれに対応する分類記号を示したものである。

相関索引は「ことば」から分類体系にアプローチし，その理解を助けるものであり，主題の属する分野自体に関する知識に乏しく，その主題の分類記号を見つけることが難しいような場合に，主題に関連して思いついた言葉や特定の分類項目名を検索して，主題に対応する分類記号を特定するというような使い方をする。

採録されている語は，原則として細目表に示された語であるが，必要に応じてこれの同義語や類語なども採録されている。また，索引語が複数の観点から用いられる語である場合には，その観点に関する上位の主題を示す語（限定語）を（　　）で囲んで付加し，それぞれに対応する分類記号を示している。

例）ゴム　（化学）　　　439

　　　　（化学工業）　578.2

　　　　（作物栽培）　617.9

さらに，複合語である索引語の一部（合成語）については，検索の便宜を考慮して索引語中に含まれる基幹的な語のもとで一覧できるように配列されている。

例）人類学　　　　469

　　経済人類学　331

　　社会人類学　389

　　宗教人類学　163

　　文化人類学　389

（2）分類作業の実際

分類作業とは，個々の資料の内容を分析して主題を把握し，その主題に対し分類表から内容にふさわしい分類記号を付与する一連の作業である。ここではNDCを使用した学校図書館における基本的な作業手順や留意点について説明する。

①分類の適用方針の決定

NDCを使用する場合であっても，その細分化された階層区分のすべてを

使用する必要はない。必要以上に細分化しても探索の際に煩雑になるが，一方であまりに粗い分類としたのでは多数のメディアが同じ記号となり，かえって探索が困難となる。また，児童生徒の発達段階によっては，詳細なレベルの分類記号を付与しても活用できないおそれもある。

どのレベルまで細分化した分類記号を使用するかについては，各学校図書館のコレクションの規模，利用者の状況，将来のコレクション構築などへの展望をも勘案し決定する必要がある。

また，すべての主題において分類記号を同一の詳細レベルにする必要はない。例えば，教育課程に特色のある学校などでは，特定の主題に関するメディアが豊富に収集される場合があり，このように同様の主題に関するコレクションが多い場合には，詳細な分類記号を使用することも必要となろう。

小学校では，2桁の分類を使用しているところもあるが，例えば，「48動物学」だけでは鳥類も昆虫類も哺乳類も同じ分類となってしまう。児童生徒が公共図書館を利用する際のことなども考えると，小学校であっても，原則として3桁（第3次区分）の分類を基本とするのが望ましいだろう。

このような分類の精粗の判断と決定は，統一性，継続性を維持する必要があることから，その学校図書館の分類作業指針として成文化しておくことが必要である。

②主題の把握

メディアを分類するためには，まずはそのメディアの内容を分析し，主題を把握しなければならない。何が書かれているかを的確に捉えるには，そのメディアを読むことが最もよいが，作業の効率化を図る点からは，以下のような方法で進めることが望ましい。

　a．書名などを確認する

　文学作品，芸術作品を除けば，書名は主題内容を表していることが多い。ただし，必ずしも書名が主題を表しているとは限らない点に留意する。また，副書名などの関連情報や，奥付などに書かれた著者の専門分野や他の著作なども主題を把握するための手がかりとなる。

b．序文・目次・後書き・解説を読む

　序文や後書きには，著者の執筆意図が記されている。目次には内容の概略が示されており，体系的なものかそうでないのかも判断できる。解説がある場合，それを読むことで主題を把握できる場合もある。

　c．通読する

　必要に応じて本文の一部を拾い読みすることも，主題の把握のためには有益である。

　d．参考資料を参照する

　書誌や事典，出版社の出版解説目録，新聞や雑誌の書評，『学校図書館速報版』，外部のOPACなどを参考にする。

③分類記号の付与

　メディアの主題が把握できたら，分類表の分類項目のいずれに該当するかを判断する。

　分類項目を探すには，類目表，綱目表および要目表から細目表へというように上位概念から下位概念へとたどっていく（あるいは直接，細目表にあたる）方法と相関索引を用いる方法がある。

　相関索引を用いると容易に分類記号を確認できるが，その場合でも，必ず細目表を使って，位置づけを確認し，その分類記号が適切かを判断しなくてはならない。例えば，「ねこ」の場合，相関索引には以下のように示されている。

　　ねこ　（家畜）　　645.7

　　　　　（獣医学）　645.76

　　　　　（動物学）　489.53

　そのため，メディアの主題が「ペットとしてのねこ」である場合，いずれが妥当か判別しづらい。そこで細目表を見ると，489.53は「489 哺乳類」の「ネコ科」であり，645.7は「645 家畜．畜産動物．愛玩動物」の「猫」であることから，後者が妥当であるということがわかる。

　また，分類記号を第3次区分（3桁）までしか使用しない場合であっても，細目表の下位項目を確認することにより，第3次区分までの分類記号で示さ

れる主題について，より適切に判断することが可能となることから，分類記号を付与する際には，細目表を確認することが望ましい。例えば，コンピュータに関連する主題については，「007 情報学．情報科学」と「548 情報工学」のいずれにも該当する可能性があるが，そのいずれが適切か判断するために，細目表を確認する必要がある。

　細目表の見方については，同表の凡例に記載されているが，ここでは注意を要する記号について取り上げておく。

　　a．注記
　「＊」（アステリスク）は，注記を意味する。その分類記号を使用する際にとくに配慮する事項として，細分方法，当該分類項目に収めるべき事項，逆に他の分類項目に収めるべき事項などに関する指示が記載される。
　b．参照
　　当該分類項目と他の分類項目との関連を示すものである。
　「→」はその先の分類項目を使用せよという指示であり，「を見よ参照」といわれる。
　「→：」は関連する分類項目が他にも存在するのでそれらも確認せよという指示で「をも見よ参照」といわれる。

④分類規程
　NDC の分類規程とは，分類結果に一貫性を持たせるためのルール・指針であり，分類基準とも呼ばれる。とくに，主題を分類項目に当てはめて分類記号を付与する NDC では，複数の主題が組み合わされた複雑な主題の取扱いが問題となる。
　一般的な分類規程として定められているものの概要は以下のとおりである。

　　a．主題の観点
　　メディアは主題の観点（学問分野）を明確にし，その観点の下に用意

された主題に分類する。1つの主題が2つ以上の観点から取り扱われている場合は，主たる観点の下に分類する。

b．主題と形式概念の区別

メディアはまず主題によって分類する。次いで必要があれば，主題を表す叙述および編集・出版形式によって細分する。ただし，総記（0類）の030（百科事典），040（論文集），050（逐次刊行物），080（叢書）については編集・出版形式により，文学作品（9類）については言語区分のうえ文学形式により，芸術作品（7類）については芸術の表現形式によって分類する。

c．原著作とその関連著作

特定著作の翻訳，評論，解説などは，原著の分類される分類項目に分類する。

ただし，語学（日本語古典を含む）の学習を主目的とした対訳書，注釈書は，主題または文学形式に関わらず，学習される言語の解釈，読本として分類する。

　　例）校注竹取物語　→竹取物語（913.31）

　　　　英語で読もう赤毛のアン　→英語読本（837.7）

d．複数主題

1つの著作で，複数の主題を扱っている場合は，中心となる主題に分類する。しかし，中心となる主題がなく，2つまたは3つの主題を並列的に取り扱っている場合は最初の主題に分類する。また，4つ以上の主題を並列的に取り扱っている場合は，それらを含む上位の主題に分類する。

　　例）茶道・香道・華道の世界　→茶道（791）

　　　　育てよう！ナス・キュウリ・トマト・ピーマン　→果菜類（626.2）

e．主題と主題の関連

1つの著作が複数の主題を扱い，主題同士が相互に関連している場合は，次のように取り扱う。

ア　影響関係

　　　１つの主題が他の主題に影響を及ぼした場合は，原則として影響
を受けた側の主題に分類する。しかし，個人の思想・業績が，多数
人に及ぼした影響については，個人の側に分類する
　　例）浮世絵のフランス絵画への影響　→フランス絵画（723.35）
　　　　白楽天の日本文学への影響　→唐詩（921.43）
イ　因果関係
　　　主題間に因果関係があるものは，原因ではなく，結果に分類する。
　　例）プラスチックと海洋汚染　→海洋汚染（519.4）
ウ　概念の上下関係
　　　上位概念の主題と下位概念の主題を扱ったものは，上位概念の主
題に分類する。ただし，上位概念が漠然としているときは，下位概
念の主題に分類する。
　　例）貨幣と物価　→貨幣（337）
　　　　相撲と日本文化　→相撲（788.1）
エ　比較対照
　　　比較対照している場合は，比較されている対象の側（著者の重点）
に分類する。
　　例）イギリス人と日本人（ピーター・ミルワード）　→日本人
　　　　（302.1）
オ　主題と材料
　　　特定の主題を説明するために，材料として扱われたものは，材料
の主題に関わらず，説明している特定主題に分類する。
　　例）新聞から読み解く平成時代　→平成時代（210.77）
カ　理論と応用
　　　特定主題の理論と応用を扱ったものは，応用の側の主題に分類す
る。特定理論の特定主題への応用している場合も同様である。ただ
し，適切な分類項目がない場合は，理論の側に分類する。
　　例）熱力学と蒸気機関　→蒸気機関（533.34）
　　　　発達心理学を取り入れた学級経営　→学級経営（374.1）

キ　主題と目的

　　　特定の目的（特定の読者層）のために著されたものは，原則とし
　　て特定の目的を示す主題のもとに分類する。ただし，入門書や解説
　　書など一般の読者にも活用できる内容であれば，扱っている主題に
　　分類する。

　　例）国語教育のための基本語彙　→国語教育（357.8）

　　　　高校生のための法律入門教室　→法律（320）

ｆ．新主題

　　分類項目が用意されていない主題に関する著作は，その主題ともっと
　も密接な関係があると思われる主題の分類項目，または階層の上位にあ
　る包括的な分類項目に分類する。あるいは新しい分類項目を設けて分類
　する。

⑤分類のローカルルール

　ここまで NDC による分類の方法を解説してきたが，学校図書館では，児
童生徒の利用の便宜を図り，あえて NDC とは異なる分類記号に配架するこ
とがある。例えば，「ことわざ」についてのメディアは，一般的には「388」
や「159」に分類されるが，国語科の授業で利用する際に使いやすいよう，
他の語彙に関するメディアとまとめて「814」に配架することがある。また，
個人伝記の分類記号は「289」であるが，その注記には「ただし，哲学者，
宗教家，芸術家，スポーツ選手［スポーツマン］，諸芸に携わる者および文
学者（文学研究者を除く）の伝記は，その思想，作品，技能などと不可分の
関係にあるので，その主題の下に収める」[注6]とあり，これによれば，ベー
トーヴェンの伝記は「762」に，手塚治虫の伝記は「726」に分類されること
となる。しかし，学校図書館では，個人伝記としてまとめて配架した方がわ
かりやすいとして，あえて区分せず「289」に配架していることがある。

　これらは，各学校図書館が決めた独自のルールであり，ローカルルールと
呼ばれる。ローカルルールを用いる場合は，書架や館内の案内表示で示すな

どして，児童生徒に周知するとともに，分類の統一性，一貫性が保てるよう成文化しておくことが必要である。

⑥図書記号・別置記号

　分類をしていくと，同一の分類記号が与えられるメディアが出てくる。すでに第Ⅳ章第1節で説明したように，これらを識別し順序付けるために「図書記号」が用いられる。図書記号には，受入順記号（受け入れ順に番号を付す），著者記号（著者名の頭文字などを用いる），年代記号などがあるが，学校図書館では著者記号が用いられることが多い。

　また，個人の伝記は289に分類されるが，被伝者を手がかりにして探す場合が多いことから，図書記号として被伝者の姓を記号化して用いる。

　書架に配架するに当たっては，通常，メディアの背表紙下部に分類記号，図書記号および必要に応じて巻数を示す「巻冊記号」を記載したラベルを貼り付けるが，これら記入された情報をまとめて「所在記号」と呼ぶ（図表4－2）。

　メディアは所在記号順に配架するのが原則であるが，利用の便宜上または管理上の必要から特定のメディアを別置きする場合があり，これを「別置」という。別置したメディアについては，分類記号の前に「別置記号」を付与して別置であることを示すことがある。例えば，レファレンスブックにはR（Reference），大型図書にはL（Large），文庫にはB（Bunko），絵本にはE（Ehon）などと表示する。

　最近は，ラベルの貼付を含め，装備を外注している学校図書館もあり，自館で分類記号を付与していない場合もある。納品の際には，自館に適切な分類記号であるかを必ずチェックし，必要に応じて修正するようにする。

3　件名標目法

　ある主題に関するメディアを探す場合，前述のとおり分類記号により検索することが可能である。しかし，分類記号は1つのメディアに対して原則として1つしか付与することができないため，複数の主題を持つメディアにつ

いては，主たる主題からしか検索することができない。また，分類記号は階層的・体系的であるため，分類体系全体を把握しておかないと，その主題がどの分類記号に該当するのか判断できないという事態も生じる。

これらの問題を解決するためには，主題そのものを表す語（名辞）である件名により検索する方法が必要となる。これによって，利用者が必要とする主題を扱ったメディアを直接検索できる，特定の主題を異なる観点から扱ったメディアを探せる，メディアの一部として扱われている主題を検索して利用するといったことも可能となる。

普段私たちが使用していることばには，例えば「本」「図書」「書籍」というように，同じ意味を表す表現，すなわち同義語・類語が複数ある。そのため，これらの語をそのまま索引語として使用した場合，同じ主題を扱っているメディアでありながら，あるものは「本」，あるものは「図書」，あるものは「書籍」に関するメディアとされるため，同一の主題が分散することとなり，目的のメディアにたどり着かないということが起こりうる。これを防ぐためには，これら同義語・類語のうち索引語として使用する語を1つに制限する必要がある。例えば，「本」「図書」「書籍」について，索引語として使用する語を「図書」のみとし，すべてこれで検索できるようにする。このように語の使用について人為的に統制するものを「統制語」という。一方，統制されない自然のことばを「自然語」（または「非統制語」）という。

件名による検索においても，主題を表す語句のうち，標目として採用される統制語を使用する。これを「件名標目」といい，件名標目を索引語として検索する方法を「件名標目法」という。

一定の方針により採録された件名標目は，一定の順序や原則によって配列された件名標目表を構成する。

日本の代表的な件名標目表としては，『国立国会図書館件名標目表（National Diet Library Subject Headings = NDLSH）』や『基本件名標目表（Basic Subject Headings = BSH）』がある。NDLSH は比較的更新頻度が高く，最新の語が反映されやすいが，あくまで国立国会図書館のための件名標目表であることから，多くの図書館では BSH が使用されている。そのほか，

学校図書館向けのものとして，後述する『中学・高校件名標目表』や『小学校件名標目表』などがあるが，本書では件名標目表を概説するにあたり，まずは BSH を取り上げて解説する。

（1）基本件名標目表（BSH4）

BSH は，現在 1999 年に日本図書館協会から刊行された『基本件名標目表 第 4 版』（BSH4）が最新となっている。その採録方針は「わが国における公共図書館，大学の一般教育に必要な資料を主に収集する大学図書館，高等学校の図書館において編成される件名目録に必要な件名標目を中心に採録する」[注7] とされ，図書館界におけるコンピュータの導入および MARC 利用の普遍化を受け，第 3 版から増補を行っている。なお，採録されていないものについては，必要に応じて各図書館で件名標目を追加することが想定されている。

BSH4 は，件名標目と参照語などを五十音順に配列した「音順標目表」，件名標目を NDC の順に配列した「分類記号順標目表」，件名標目の階層構造を表示する「階層構造標目表」からなる。

①標目の表現形式

BSH4 における件名標目の表し方について，同義語や類語がある場合や検索の便宜上限定した方がよい場合には，以下のような方針により 1 つの形式が選択されている。

　　ａ．常用語優先の原則
　　　多くの人に常用されている語を採用する。
　　　　例）○公務員　　×官吏
　　　　　　○スポーツ　　×運動競技
　　ｂ．慣用されている語
　　　用語として慣用されている複合語・熟語は，そのままの形を採用する。
　　　　例）○山岳　　×山

〇家政　×家事

c．複合語

　2つの主題の比較や影響関係を意味する場合，複数の主題がいっしょに取り上げられることが通常である場合には，「と」や連辞・中点で結び，1つの主題として表している。

　　例）医学と宗教，表現の自由，折紙・切絵

d．限定語

　そのままでは不明瞭なもの，複数の分野に共通して用いられるものには，意味を限定する語を丸括弧で付記している。

　　例）価値（経済学）　リアリズム（美術）
　　　　価値（哲学）　　リアリズム（文学）

e．細目を用いる表現

　細目は，主標目だけではメディアの主題が適切に表現できない場合に付加するものであり，原則としてすべての件名標目に適用できる「一般細目」のほか，言語名を表す件名標目の対象範囲を限定するために付加する「言語細目」，地域を限定するための「地名細目」，時代を限定するための「時代細目」などがある。

　主たる件名標目の後にダッシュを用いて細目を付加して表現する。

　　例）日本文学―年表，英語―文法，動物―オーストラリア，東洋史―古代

②音順標目表

　音順標目表には，「件名標目」7,847語，件名標目に導く「参照語」2,873語，件名標目の付与指針となる「説明つき参照」93語および「細目」169語の合計10,982の言葉が五十音順に配列されている。

　なお，同表は本表のほか，国名のみをまとめた「国名標目表」および「細目一覧」から構成されている。

　a．件名標目

　音順標目表において，件名標目は太字（ゴシック体）により示されている。

　右肩にアステリスク（＊）が付されているものは，第3版でも件名標目として用いられていたものであり，それがないものは第4版から新たに件名標目となったものである。⑧や⑨の後の分類記号は，件名標目をそれぞれNDC新訂第8版および同第9版で分類したときの分類記号を表している。

　また，各件名標目のもとに，以下のような項目が示されている（図表6－4）。

ア　限定注記
　　個々の件名標目の採用に当たって留意すべきことを SN（Scope Note）として示している。
　例）宇宙船
　　　SN：この件名標目は，軌道を持たず宇宙を航行する飛行体にあたえる。
イ　直接参照あり
　　件名標目の同義語・類語である参照語がある場合に，「を見よ参照あり」を UF（Used For）の記号で示している。
　例）写真機
　　　UF：カメラ
ウ　連結参照（をも見よ参照）
　　ある件名標目に関連した件名標目がある場合，その件名標目を示すもの。以下の記号で表す[注8]。
　TT（Top Term）最上位標目：最上位の件名標目
　BT（Broader Term）上位標目：1つ上の上位語
　NT（Narrower Term）下位標目：1つ下の下位語
　RT（Related Term）関連標目：階層関係にはないが関連のある語
　例）郷土玩具

TT：家政 33（階層構造標目表の配列順位を示す）

工芸 83. 雑貨 95

BT：玩具. 民芸

NT：こけし. だるま

RT：人形

例）伝説　RT：民話

民話　RT：伝説

エ　参照注記

参照する下位の件名標目が多数で，しかも例示・省略件名標目群に属する場合に，参照の簡素化を図るため，SA（See Also）として説明するもの。

例）作家

SA：個々の作家名（例：島崎藤村）も件名標目となる。

b．参照語

件名標目として採録されなかった同義語や類語，件名標目に関連した件名標目などについて，検索の手掛かりとして示したものであり，括弧の付されていない細字（明朝体）で表されている。

直接参照（を見よ参照）として矢印により参照先となる件名標目が示されている。

例）カメラ　→写真機

c．説明つき参照

主題群または出版形式群について，その取扱いに関する作業指針を《　　》で括って表示している。

例）《伝記》

d．細目

各細目の使用法，適用範囲などを［　　］で括って説明している。その後に〈　　〉で括られた語は，その細目の種類を示している。

例）［写真集］〈一般細目〉

図表6-4　音順標目表（抜粋）^(注9)

ショウワブン	昭和文学 → **日本文学—歴史—昭和時代**
ショカ	**書家*** ⑧*728.2* ⑨*728.2* 　　TT：芸術家 65.　書道 129.　美術 205 　　BT：書道.　美術家 　　SA：個々の書家名（例：**会津八一**）も件名標目となる。
ショガ	書画 → **絵画.　書道**
ショカンブン	［書簡文］＜言語細目＞ 　　各言語名のもとに、細目として用いる。（例：**日本語—書簡文**）
ショカンブン	**書簡文*** ⑧*801.6* ⑨*801.6* 　　SN：各言語に共通する主題のものに与える。 　　UF：手紙文 　　TT：言語 69 　　BT：作文 　　NT：商業通信 　　SA：各言語名のもとの細目**—書簡文**（例：**中国語—書簡文**）をも見よ。
ジョキョク	**序曲** ⑧*764.35；764.65* ⑨*764.35；764.65* 　　UF：プレリュード 　　TT：音楽 19 　　BT：管弦楽
ジョギング	**ジョギング** ⑧*498.3；782* ⑨*498.3；782* 　　TT：健康法 70 　　BT：健康法
ショクインロ	《職員録》 　　職員録には、次の件名標目をあたえる。 　　（1）包括的な、国の機関の職員録には、**職員録**の件名標目をあたえる。 　　（2）特定官庁の職員録には、それぞれ官庁名のもとに、**—名簿**の一般細目をあたえる。 　　（3）一地方公共団体の職員録は、その地方公共団体名のもとに、**—名簿**の一般細目 　　　をあたえる。 　　（4）各民間団体、企業の職員録には、それぞれの団体・企業名のもとに、**—名簿**の 　　　一般細目をあたえる。
ショクインロ	**職員録*** ⑧*281.036* ⑨*281.036* 　　SN：この件名標目は、包括的な、国の機関の職員録にあたえる。 　　TT：伝記 168 　　BT：名簿
ショクエン	食塩 → **塩**
ショクギョウ	**職業*** ⑧*366.29* ⑨*366.29* 　　TT：労働政策 244 　　BT：労働行政 　　NT：国家試験.　資格.　就職.　職業安定.　職業案内.　職業移動.　職業訓練.　職業指導. 　　　職業適性.　職業道徳.　人材派遣.　内職・副業 　　SA：個々の職業名（例：**医師**）も件名標目となる。

---

③分類記号順標目表

音順標目表で採録した全件名標目に，NDC新訂9版の分類記号を付与し，分類記号順に配列したものである（図表6−5）。

分類順配列のもとで同一分野の件名標目を通覧することで，より適切な件名標目の選択が可能となることから，分類作業と件名作業を並行して行う際に使用することで，件名標目の選定を効率化することができる。

また，新しい件名標目を追加する場合，その分類体系上の位置づけを確認するために使用することも想定されている。

図表6−5　分類記号順標目表（抜粋）[注10]

〔010	図書館，図書館学〕	
010	電子図書館	
	図書館	016
	図書館情報学	
010.1	図書館の自由	
010.242	アレクサンドリア図書館	
〔011	図書館政策．図書館行財政〕	
011.1	図書館行政	
011.3	図書館協力	
	図書館計画	
〔012	図書館建築．図書館設備〕	
012	図書館建築	
012.89	自動車文庫	015.5
012.9	図書館家具	
	図書館用品	013.6

図表6−6　階層構造標目表（抜粋）[注11]

183 〈図書館〉
図書館
・学校図書館
・・学級文庫
・・学校司書
・・司書教諭
・・図書館教育
・・・読書感想文
・・・読書指導
・刑務所図書館
・国立図書館
・視聴覚ライブラリー

④階層構造標目表

音順標目表で採録した件名標目のうち，最上位標目（TT）となる件名標目を音順に並べ，そのそれぞれに関連する下位標目を階層的に配列したものである（図表6−6）。

同表は，件名標目の階層構造を表示することで，件名標目選択の参考に資するとともに，新しい件名標目を追加する際に，適切な「をも見よ参照」の設定に資することも想定されている。

（2）件名作業の実際（件名規程）

件名作業とは，対象メディアの主題を踏まえ，「件名規程」に基づいて件

名標目表より適切な標目を選択し，これを対象メディアに付与するという一連の作業をいう。

　ここでは学校図書館における基本的な作業手順や留意点について説明する。

①件名標目表の決定

　まず，学校図書館においてどの件名標目表を使用するか決定する必要がある。前述のとおり，一般的な図書館では BSH が使用されており，学校図書館においても BSH を採用することが妥当である。ただし，その場合であっても，件名標目として使用する「ことば」については，一定の配慮が必要であろう。詳細は（3）において説明する。

　なお，以後の説明では BSH4 を使用するものとする。

②件名標目表の理解

　件名作業にあたっては，まずその基準となる件名標目表をよく理解しなければならない。件名標目表に採録されている語はどのようなものか，その件名標目がどのような表現形式で表現されているか，参照がどのような方式で付けられているかなどの点について，習熟しておく必要がある。

③主題の把握

　メディアに適切な件名標目を与えるためには，まずはそのメディアの内容を分析し，主題を把握しなければならない。そのためには，書名などを確認する，目次を調べる，序文・後書き・解説などを読む，要点を拾い読みする，参考資料を調べるといった方法をとる。

④件名標目の決定

　把握した主題については，それを最もよく表すことばで表現することとなるが，それが件名標目として適切であるか，件名標目表を確認して検討する必要がある。作業者が選んだことばが件名標目として件名標目表に採録されていれば，そのまま件名標目として使用できる。それが採録されていない場合には，同義語・類語が件名標目とされていないかを確認し，採録されていればそれを件名標目とする。

　もしそれすら採録されていなければ，新主題として件名標目の追加を検討することになる。

⑤件名規程

　件名規程とは，件名作業に当たって，それぞれの資料に適切な件名標目を付与するための指針のことであり，一般に適用できる「一般件名規程」と特定の分野にのみ適用される「特殊件名規程」がある。

　一般件名規程の主なものは以下のとおりである^(注12)。

　ａ．個々のメディアの主題を適切に表現する件名標目を与える

　　主題を的確に過不足なく表現することばを選ぶことが件名作業の基本であり，これを「特殊記入の原則」という。

　ｂ．主題が明らかなメディア，特定の出版形式のメディアおよび多数人の文学作品や芸術作品には件名標目を与える

　　主題が明らかなメディアには，当然に件名標目を与えるが，主題が明確でないものであっても，例えば百科事典や年鑑など特定の出版形式を有するメディアについては，その出版形式をもとに件名標目を与える。

　　また，文学・芸術作品は原則として件名標目を与えないが，これは書名や著者名から検索されることを前提としているためである。しかし，多数人による作品集についてはそれが難しいため，件名標目を与えて検索できるようにする。

　ｃ．必要な数だけ件名標目を与える

　　複数の主題を扱っているメディア，また，１つの標目だけではそのメディアの内容を完全に表現できない場合は，２つ以上の件名標目を与える。例えば，「太陽と月」であれば，「太陽」と「月」の２標目を与える。これは，そのメディアを複数の手がかりから検索できるようにするためである。ただし，必要以上に与えると，同じ件名標目を持つメディアが多数となり，必要なメディアが見つかりにくくなるので注意する。

　ｄ．必要な場合はメディアの一部に対する件名標目を与えることができる

　　例えば，全集などに含まれる個々の独立した著作で主題の明らかなもの，列伝の中の各被伝者の章，資料中の部分的な主題であるが利用者の

便宜のために必要と認めるものなどについては，必要に応じて，メディア全体に対する件名標目のほかにその一部に対する件名標目も与えることができる。

　ｅ．各種の細目は主標目の範囲を限定するために用いる

　細目として用いられる名辞の中には主標目として用いられるものが少なくないので，音順標目表に［　　　］で括られて掲載されている使用法などをよく確認して使用する。

　ｆ．特定の人物，団体，事物，地域などに関するメディアには，その固有名を件名標目として与える

　なお，国名は音順標目表の別表である「国名標目表」による。

⑥件名標目表の更新

　新たな件名標目を追加する場合には，同義語・類語，上位語・下位語等の相関関係にも配慮しつつ，その表現についても慎重に検討しつつ，最もふさわしい表現を採用する。件名標目の表現形式や参照関係などを修正・変更する場合も同様である。その際，事後に新設および修正・変更した点がわかるよう，これらを管理するファイル（典拠ファイル）を作成しておくことが望ましい。

（３）『小学校件名標目表』，『中学・高校件名標目表』

　『小学校件名標目表』および『中学・高校件名標目表』は，いずれも全国学校図書館協議会が作成したものであり，現在，それぞれ『小学校件名標目表　第２版』，『中学・高校件名標目表　第３版』が最新版である。ともに，件名標目および参照語を五十音順に配列した表である「音順件名標目表」（図表６−７）と，件名標目のみをNDCにより分類し，その記号順に配列した表である「分類順件名標目表」（図表６−８）から構成されている。

　件名の収集について，『小学校件名標目表　第２版』では「小学校における学習活動を中心に，児童が関心，興味，生活上の必要から資料を検索することを念頭」に収集されており，その対象としたメディアについては，「学

図表6－7　小学校件名標目表　音順件名標目表（抜粋）<small>(注13)</small>

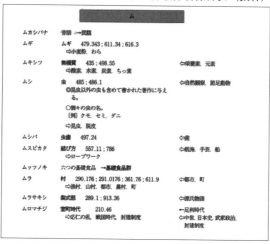

図表6－8　小学校件名標目表　分類順件名標目表（抜粋）<small>(注14)</small>

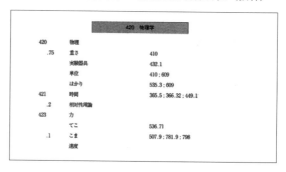

習指導要領及びその指導書，複数の教科書，百科事典，各種事・辞典，図鑑類，
出版目録類など」である。また，「児童図書の出版傾向，社会の動向にも配慮」
されており，児童の興味，関心に幅広く対応しつつ，学習活動の際に活用で
きるよう配慮されている<small>(注15)</small>。この方針は『中学・高校件名標目表　第3版』
についても同様となっている。

　具体的には，BSH で「蔬菜」とされている件名標目を「野菜」とするなど，
児童生徒に馴染みのあるわかりやすいことばが用いられている。また，BSH

では「絵画―技法」としているところを，『小学校件名標目表』では「絵の描き方」，『中学・高校件名標目表』では「画法」とするというように，発達段階に合わせたことばを用いている点も特長である。

　そのため，学校図書館においては，件名標目表として BSH4 を使用する場合であっても，件名標目として使用する「ことば」については，児童生徒の発達段階を踏まえ，一般成人を対象としている BSH の語をそのまま用いるのではなく，『小学校件名標目表』や『中学・高校件名標目表』を参考として，児童生徒にわかりやすいことばに変更することも考慮すべきであろう。

4　演習問題

次の図書に分類記号を付与せよ。

① 『ピアノの歴史』スチュアート・アイサコフ著　中村友訳　河出書房新社

② 『世界年鑑　2019』共同通信社編著　共同通信社

③ 『こころの人類学：人間性の起源を探る』煎本孝著　筑摩書房

④ 『どんぐりの生物学：ブナ科の植物の多様性と適応戦略』原正利著　京都大学学術出版会

⑤ 『エジプトのミイラ』アリキ・ブランデンバーグ文と絵　神鳥統夫訳　佐倉朔監修　あすなろ書房

⑥ 『お米のこれからを考える　3　農家の1年の米作り』「お米のこれからを考える」編集室編　理論社

⑦ 『俳句歳時記　春』角川書店編　KADOKAWA

⑧ 『発達心理学事典』日本発達心理学会編　丸善出版

⑨ 『日本国勢図会2019／20：日本がわかるデータブック』矢野恒太記念会編集　矢野恒太記念会

⑩ 『すしの絵本』ひびのてるとし編　もりえいじろう絵　農山漁村文化協会

⑪ 『トルストイと日本』柳富子著　早稲田大学出版部

⑫『いちばんよくわかる！ウサギの飼い方・暮らし方』町田修監修　成美堂出版

⑬『神社とお寺がわかる事典：どこが，どうちがう？建築から行事・参拝の仕方まで』井上智勝監修　PHP研究所

⑭『高校生のための憲法入門』斎藤一久編著　三省堂

⑮『エコカーのしくみ見学　４自動車のエコ』市川克彦著　ほるぷ出版

⑯『書道史謎解き三十話』魚住和晃著　岩波書店

⑰『野菜園芸大百科13　サトイモ・ナガイモ・レンコン・ウド・フキ・ミョウガ　第２版』農文協編　農山漁村文化協会

⑱『日本列島の下では何が起きているのか：列島誕生から地震・火山噴火のメカニズムまで』中島淳一著　講談社

⑲『本と図書館の歴史：ラクダの移動図書館から電子書籍まで』モーリーン・サワ文　ビル・スレイヴィン絵　宮木陽子・小谷正子訳　西村書店

⑳『最新Ｑ＆Ａ教師のための救急百科　第２版』衛藤隆〔ほか〕編著　大修館書店

㉑『ブライユ：目の見えない人が読み書きできる"点字"を発明したフランス人』ビバリー・バーチ著　乾侑美子訳　偕成社

㉒『英語で楽しむピーターラビットの世界』ビアトリクス・ポター作・絵　木谷朋子訳・解説　河野芳英監修　ジャパンタイムズ

㉓『気候変動の農業への影響と対策の評価』古家淳編著　国際農林水産業研究センター

㉔『茶の湯と日本文化：飲食・道具・空間・思想から』神津朝夫著　淡交社

㉕『話し合い（説得力）トレーニング』生越嘉治著　あすなろ書房

（栗原浩美）

〈注〉

（注１）日本図書館協会分類委員会編『日本十進分類法　新訂10版』日本図書館

協会　2014 年

（注 2 ）日本図書館協会分類委員会編『日本十進分類法　新訂 10 版　本表・補助表編』
　　日本図書館協会　2014 年　p.45

（注 3 ）同 p.47

（注 4 ）同 p.198

（注 5 ）付加の方法については，直接付加できるものや記号を重ねたり省略したり
　　する必要があるものなどがある。詳しくは NDC の使用法を参照されたい。

（注 6 ）日本図書館協会分類委員会編『日本十進分類法　新訂 10 版　本表・補助表編』
　　日本図書館協会　2014 年　p.149

（注 7 ）日本図書館協会件名標目委員会編『基本件名標目表　第 4 版』日本図書館
　　協会　1999 年　p.3

（注 8 ）第 4 版ではシソーラスの考え方が導入され，連結参照の方式が見直されて
　　いる。

（注 9 ）日本図書館協会件名標目委員会編『基本件名標目表　第 4 版』日本図書館
　　協会　1999 年　p.410

（注 10）同『分類記号順標目表・階層構造標目表』　p.5

（注 11）同 p.210

（注 12）件名規程の詳細は，BSH4 の序説Ⅲ 3 および 4 （p.16 ～）に説明されてい
　　るので参照されたい。

（注 13）全国学校図書館協議会件名標目表委員会編『小学校件名標目表第 2 版』全
　　国学校図書館協議会　2004 年　p.159

（注 14）同 p.218

（注 15）同 p.8

〈参考文献〉
・日本図書館協会分類委員会編『日本十進分類法　新訂 10 版』日本図書館協会
　2014 年
・日本図書館協会件名標目委員会編『基本件名標目表　第 4 版』日本図書館協会
　1999 年
・全国学校図書館協議会件名標目表委員会編『中学・高校件名標目表第 3 版』全国
　学校図書館協議会　1999 年
・全国学校図書館協議会件名標目表委員会編『小学校件名標目表第 2 版』全国学校
　図書館協議会　2004 年

・芦屋清『学校図書館のための図書の分類法：学校図書館入門シリーズ8』全国学校図書館協議会　2004年
・全国学校図書館協議会「シリーズ学校図書館学」編集委員会編『学校図書館メディアの構成』全国学校図書館協議会　2010年
・小田光宏編『学校図書館メディアの構成』樹村房　2016年
・志村尚夫編著『学校図書館メディアの構成』樹村房　1999年
・田窪直規編『改訂　情報資源組織論』樹村房　2016年
・志保田務・高鷲忠美編著『情報資源組織法　第2版』第一法規　2016年
・日本図書館情報学会用語辞典編集委員会編『図書館情報学用語辞典　第4版』丸善出版　2013年
・柴田正美著『情報資源組織論　新訂版』日本図書館協会　2016年
・文部科学省初等中等教育局長通知「学校図書館の整備充実について」別添1「学校図書館ガイドライン」文部科学省　2016年
・全国学校図書館協議会監修「司書教諭・学校司書のための学校図書館必携　理論と実践　改訂版」悠光堂　2017年
・堀川照代編著「「学校図書館ガイドライン」活用ハンドブック　解説編」悠光堂　2018年

特別支援学校制度の創設に伴う
「学校図書館図書標準」の改正について（通知）

（出典）平成19年4月2日19文科初第1272号　文部科学省初等中等教育局長通知

　平成18年6月21日に、「学校教育法等の一部を改正する法律（平成18年法律第80号）」が公布され、平成19年4月1日から、盲学校、聾学校及び養護学校が特別支援学校へ移行することとなりました。

　これに伴い、学校図書館の図書の整備を図る際の目標として、「「学校図書館図書標準」の設定について」（平成5年3月29日付け文部省初等中等教育局長通知）により設定した「学校図書館図書標準」中の、盲学校、聾学校及び養護学校に係る標準（当該通知中のウからク）について、別紙のように改正しましたので、引き続き、当該標準を目標として、図書の整備を進めるようお願いします。

　なお、貴域内の市（区）町村教育委員会に対し、このことを周知し、適切な指導及び助言等を行うようお願いいたします。

ア　小学校

学級数	蔵書冊数
1	2,400
2	3,000
3〜6	3,000 + 520 × （学級数 − 2）
7〜12	5,080 + 480 × （学級数 − 6）
13〜18	7,960 + 400 × （学級数 − 12）
19〜30	10,360 + 200 × （学級数 − 18）
31〜	12,760 + 120 × （学級数 − 30）

イ　中学校

学級数	蔵書冊数
1〜2	4,800
3〜6	4,800 + 640 × （学級数 − 2）
7〜12	7,360 + 560 × （学級数 − 6）
13〜18	10,720 + 480 × （学級数 − 12）
19〜30	13,600 + 320 × （学級数 − 18）
31〜	17,440 + 160 × （学級数 − 30）

ウ　特別支援学校（小学部）

学級数	蔵書冊数	
	①専ら視覚障害者に対する教育を行う特別支援学校	②視覚障害者に対する教育を行わない特別支援学校
1	2,400	2,400
2	2,600	2,520
3〜6	2,600＋173×（学級数－2）	2,520＋104×（学級数－2）
7〜12	3,292＋160×（学級数－6）	2,936＋96×（学級数－6）
13〜18	4,252＋133×（学級数－12）	3,512＋80×（学級数－12）
19〜30	5,050＋67×（学級数－18）	3,992＋40×（学級数－18）
31〜	5,854＋40×（学級数－30）	4,472＋24×（学級数－30）

※視覚障害を含めた複数の障害種別に対応した教育を行う特別支援学校の蔵書冊数については、当該特別支援学校の全学級数をそれぞれの学級数とみなして①又は②の表を適用して得た蔵書冊数を、視覚障害者に対する教育を行う学級の数及び視覚障害以外の障害のある児童に対する教育を行う学級の数により加重平均した蔵書冊数とする（端数があるときは四捨五入）。

エ　特別支援学校（中学部）

学級数	蔵書冊数	
	①専ら視覚障害者に対する教育を行う特別支援学校	②視覚障害者に対する教育を行わない特別支援学校
1〜2	4,800	4,800
3〜6	4,800＋213×（学級数－2）	4,800＋128×（学級数－2）
7〜12	5,652＋187×（学級数－6）	5,312＋112×（学級数－6）
13〜18	6,774＋160×（学級数－12）	5,984＋96×（学級数－12）
19〜30	7,734＋107×（学級数－18）	6,560＋64×（学級数－18）
31〜	9,018＋53×（学級数－30）	7,328＋32×（学級数－30）

※視覚障害を含めた複数の障害種別に対応した教育を行う特別支援学校の蔵書冊数については、当該特別支援学校の全学級数をそれぞれの学級数とみなして①又は②の表を適用して得た蔵書冊数を、視覚障害者に対する教育を行う学級の数及び視覚障害以外の障害のある生徒に対する教育を行う学級の数により加重平均した蔵書冊数とする（端数があるときは四捨五入）。

学校図書館メディア基準とその解説

（出典）2021年4月1日改定　全国学校図書館協議会

はじめに

　新学習指導要領が実施に対応して、各学校図書館では情報資源（学校図書館メディア）の更新を計画的に進めているところである。

　その際に数量的な基準となるのは、「学校図書館図書標準」（平成5年3月　文部省）である。これは公立義務教育諸学校（小学校、中学校、特別支援学校の小学部、同中学部）に整備すべき蔵書の標準を学級数ごとに定めたものである。この標準は蔵書の総数を示しただけで、分野別の蔵書構成については定められていない。

　蔵書の総数と構成比率を示したものは「学校図書館メディア基準」（2000年3月　全国学校図書館協議会）である。この基準では、図書、新聞、雑誌、オーディオソフト、ビデオソフト、コンピュータソフトの各メディアの基準数量に加えて、図書の主題別（ＮＤＣの類別）蔵書配分比率を校種別に示している。

改訂の趣旨

　学校図書館メディア基準（2000年3月21日制定）は、教育課程の展開に寄与し、児童又は生徒の健全な教養を育成することを目的とする学校図書館に必要な、印刷メディア、視聴覚メディア、電子メディア等、学校図書館メディアの最低基準を定めたものである。制定後、20年の節目に当たり、学習指導要領に示されたカリキュラム・マネジメントを視野に入れて、学校教育の中核に位置付く学校図書館の機能を発揮するのに必要な基準を示すことにした。

【1】基本原則

　本基準は、印刷メディア（図書、新聞、雑誌等）、視聴覚メディア（CD、DVD等）、電子メディア（アプリ、webサイト、動画サイト、データベース、パッケージソフト、電子書籍、デジタル絵本、DAISY等）をもって構成する。

　全国学校図書館協議会は、その後の学習指導要領改訂、児童生徒の学習内容や学習活動の変化、近年の出版状況や新たな電子メディアの普及等を踏まえて検討を進めてきた。このほど「学校図書館メディア基準」の改訂案をまとめるに至ったので発表する。

1　蔵書の最低基準冊数の根拠

　文部科学省の平成28年度「学校図書館の現状に関する調査」では、1校当たりの蔵書冊数は、小学校が約8,920冊、中学校が約10,785冊、高等学校が約23,793冊とある。一方、蔵書を各教科の学習等で活用するには、探究型学習の推進や、外国語、「特別の教科　道徳」、高等学校の国語、公共などの教科・科目の再編に対応するためにタイトルを増やす必要がある。こうした理由から、最低基準冊数を小学校15,000冊、中学校20,000冊、高等学校30,000冊とした。また、義務教育学校、中等教育学校については、それぞれ対応する小学校、中学校、高等学校における「蔵書の最低基準冊数」を準用する。なお、特別支援学校については、学校や児童生徒の実情に応じて対応することが望ましい。

学級数	小学校	中学校	高等学校	備考
1〜6	15000	20000	30000	
7〜12	15000＋700×A	20000＋800×A	30000＋900×A	A＝6をこえた学級数
13〜18	19200＋600×B	24800＋700×B	35400＋800×B	B＝12をこえた学級数
19〜24	22800＋500×C	29000＋600×C	40200＋700×C	C＝18をこえた学級数
25〜30	25800＋400×D	32600＋500×D	43800＋600×D	D＝24をこえた学級数
31以上	28200＋300×E	35600＋400×E	47400＋500×E	E＝30をこえた学級数

【2】印刷メディア（図書）
1. 蔵書の最低基準冊数
　　「蔵書の最低基準冊数」の計算式は、右表を用いる。
　　右下は「蔵書の最低基準冊数」のグラフである。

2　蔵書の配分比率の意義

　各学校図書館ではメディアの「収集方針」や「選定基準」など明文化された方針や基準を作成することで、選書の公正さを確保するよう努めている。

　だが、1冊1冊の図書選択が適切に行われたとしても、それらが蔵書となって総体として見たときに、分野により偏りが生じることがある。

　各学校図書館では定期的に自館の蔵書構成を把握し、標準的な配分比率に照らして手薄な分野を重点的に収集することでバランスの良い蔵書構成を実現することができる。

　蔵書の配分比率の標記については、義務教育学校、中等教育学校、特別支援学校についても細かく示す必要があるかを検討した。しかし、義務教育学校については小学校と中学校、中等教育学校については中学校と高等学校の配分比率を準用し、教育課程や地域の実情を考慮してほしいと判断し、小学校、中学校、高等学校別の配分比率のみとした。なお、特別支援学校については、学校や児童生徒の実情に応じて対応してほしい。

2. 蔵書の配分比率
（1）標準配分比率
　　蔵書の配分比率は、冊数比とし、次の数値を標準とする。義務教育学校、中等教育学校については対応する校種の標準配分比率を準用する。
（2）配分比率の運用
　　配分比率の運用には、次の事項を考慮する。
　　・教育課程、地域の実情等を考慮する。
　　・絵本、まんがは、主題をもとに、分類する。
　　・特別支援学校は、各校の実情に応じる。

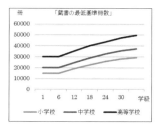

　　・専門教育を行う学科又はコースを有する高等学校・中等教育学校は、その専門領域の図書の配分比率について考慮をする。

「蔵書の配分比率」　　　　　　　　（％）

分類／校種	0総記	1哲学	2歴史	3社会科学	4自然科学	5技術	6産業	7芸術	8言語	9文学	合計
小学校	6	3	16	10	16	6	5	8	5	25	100
中学校	6	5	16	10	15	6	5	8	6	23	100
高等学校	7	7	16	12	14	6	4	8	7	19	100

蔵書の配分比率を検討するにあたり、児童生徒が読書の楽しさや喜びを味わうのに必要な蔵書冊数について9類を中心に議論した。学校図書館の蔵書冊数の現状や読書活動の実情などを参考にして、小学校約4,000冊、中学校約5,000冊、高等学校約6,000冊程度が必要だとの結論を得た。この数字は各校種の最低基準冊数（小学校15,000冊、中学校20,000冊、高等学校30,000冊）を母数とすると、小学校の4,000冊は26.7％、中学校の5,000冊は25％、高等学校の6,000冊は20％にあたる。

　この「学校図書館メディア基準」に示された主題別配分比率は、20年間にわたって蔵書構成の目安として機能してきた。特に文学の図書の増加に一定の歯止めとしての役割を果たしてきたことを強調したい。

　学校図書館がもっぱら「読書センター」としての機能を果たしていた時代には、児童生徒の求めに応じて文学の比率が大きくなりがちで、9類の図書の比率が40％を超える学校図書館もあった。

　そのため、他の類の図書が相対的に手薄となり、学校図書館メディアを活用した授業や、児童生徒が主体的に情報・メディアを活用して課題を解決しようとすると、教科や単元によっては蔵書が不十分なために効果的な学習活動が行えないこともあった。

　従前の「学校図書館メディア基準」は、学校図書館が「読書センター」機能に加え、「学習センター」「情報センター」としての機能を充実させるために、9類の図書の比率を小学校で25％、中学校で23％、高等学校で19％として、他の分類の図書をバランスよく収集することにより「教育課程の展開に寄与」（学校図書館法第2条）する学校図書館像を示した。

　蔵書に占める9類の図書の比率が高かった学校の中にはこの数字はあまりにも低すぎるという当惑の声も多くあったことと思われる。児童生徒が読書の楽しさを知り、生涯にわたる読書習慣を身につけるようにするため、児童生徒が喜ぶ読み物をたくさん用意することも学校図書館の大切な役割のひとつである。

　だが、学校図書館の限られた図書予算が読み物の購入に多く割かれ、学習活動のための資料が十分に備えられなければ、「学校図書館は昼休みや放課後に一部の本好きの児童生徒が本を読むところ」という誤ったイメージから脱することができなくなる。

　今回の「学校図書館メディア基準」の改訂案でも、9類の配分比率はやや低めに設定している。これは児童生徒の利用実態やリクエストなどにより9類の図書が多くなりすぎないよう、全体のバランスを絶えず意識しながら図書選択をしてほしいという当会からのメッセージでもある。

　もちろんこの配分比率は目安なので、予算規模や蔵書冊数、授業での利用の実態など各学校図書館の実情に合わせて運用することは差し支えない。

3　各類の改訂ポイント

○「0類（総記）」は、高等学校でのレファレンスツールの充実が不可欠だと判断して、高等学校を7％とした。

○「1類（哲学）」は、生き方に関するものなどがあり小学校を3％、中学校を5％に引き上げた。

○「2類（歴史）」と「3類（社会科学）」は、その合計を社会科の資料と考えて、2類を16％とした。また、3類は小・中学校を10％、高校を12％とした。

○「4類（自然科学）」は、小学校、中学校、高等学校と校種が変わるにつれて配分比率が下がるよう、傾斜配分をしている。その理由はふたつある。ひとつは小学校では写真絵本や図鑑類など発達段階や興味関心に即した本が豊富に刊行されており、小学生が本を入り口として自然科学と出会うことの重要性を考慮したためである。もちろん中・高校生も本を通して自然科学と出会うことが重要であることに変わりはないが、中・高校生向きに書かれた自然科学の本は小学生向きに比べて格段に少なく、実験や観察など本以外の方法で自然科学と出会う機会も増える。もうひとつの理由は、小学校の最低基準冊数が15,000冊、中学校が20,000冊、高等学校が30,000冊であり、配分比率が下がっても実際の冊数は校種が上がるにつれて増加するからである。

○「5類（技術）」「7類（芸術）」は、幅広い分野の図書を揃えられるように、どの校種も配分比

率を同じにした。「6類（産業）」は、課題を解決する学習への対応を考慮して、小・中学校は5％とし、高等学校は4％とした。この類の図書は、そもそも小・中・高校生向きの出版点数が少ない現状を考慮し、大幅な改訂は見送った。

○「8類（言語）」は、小学校で行われていた「外国語活動」が正式な教科になるなど教育課程上大きな変化があったことや、中・高等学校で外国語多読の活動が広がっていることなどを踏まえて、言語活動の充実や多文化共生などの視点から小学校5％、中学校6％、高等学校7％に引き上げた。

○「9類（文学）」は、読書の楽しさや喜びを味わうのに必要な冊数を検討し、小学校は25％、中学校は23％に引き下げ、高等学校は19％に据え置いた。

4　校種別の改訂ポイント

①小学校

小学校は、今回の改定で児童の実態や他の校種とのバランスを考慮して、配分比率を大幅に見直した。

1類（哲学）は、生き方に関する学習資料を充実させるために配分比率を1ポイント引き上げた。

4類（自然科学）は、自然に対する興味関心を持つきっかけとなるもので、図鑑などの充実が必要と考え配分比率を1ポイント引き上げた。

8類（言語）は、外国語教育や日本語を母語としない児童への対応を考慮して配分比率を1ポイント引き上げた。

9類（文学）は、全体のバランスを考慮して1ポイント引き下げた。

②中学校

中学校は、今回の改定で各類のバランスを検討して、最小限の手直しに留めた。

1類（哲学）は、友人関係や自らの生き方について考えることができるよう、配分比率を2ポイント引き上げた。

8類（言語）は、引き続き言語活動の充実に対応するために配分比率を1ポイント引き上げた。

9類（文学）は全体のバランスを考慮して2ポイント引き下げた。

③高等学校

高等学校は、今回の改定で全体のバランスを考慮して小幅な手直しをするにとどまった。

0類（総記）では、従来、百科事典、年鑑、叢書、全集など多く収集していたが、近年この分野の高校生向けの図書は少なくなっている。しかし教科「情報」に関する本がこの類に含まれることから配分比率を1ポイント引き上げた。

3類（社会科学）では、高等学校学習指導要領の改訂により新科目「公共」が登場したが、学校図書館で収集するメディアには大きな影響はないと考えられる。この類には「教育」も含まれ、キャリアガイダンス（進路）に関する本が多く利用されていることから配分比率を1ポイント引き上げた。

7類（芸術）は、、主題が多岐にわたり、美術では全集、スポーツでは競技種目別などのシリーズものが多いことから配分比率を1ポイント引き上げた。

8類（言語）は、外国語多読の活動だけでなく、各国語の基本的な辞典や会話集、学習入門書、言語学の入門書などにも目配りをしたい。こうしたことに対応して配分比率を1ポイント引き上げた。

配分比率の改訂は全体のバランスを考えて行うものであり、単なる数字合わせではない。総和が100％である以上、ある類で1ポイント高めれば、どこかの類で1ポイント削らなくてはならない。高める方には理由があっても、下げる方はバランスの調整のため、という理由しかないこともあ

る。

　今回の改訂で従来よりも配分比率を下げたからといって、その類を軽視しているわけではないし、校種の中で相対的に配分比率が低い場合も、その校種ではその類の蔵書が少なくてよい、という意味ではない。

　「義務教育学校」「中等教育学校」については今回、配分比率を示さなかった。校地を共有する一貫型か、校地を異にする連携型か、など学校の実情に合わせて柔軟に運用してほしい。

5　新聞

　新聞には、全国紙、地方紙、英字紙、専門紙、小・中学生対象の新聞等、がある。新聞に関しては、購読紙数の最低基準を示すに留めた。購読部数については、各校の実情に応じて配慮してほしい。

【3】印刷メディア（新聞）
　新聞の購読紙数は、学級数にかかわらず、小学校6紙、中学校8紙、高等学校10紙を最低基準とする。購読部数については、数量基準を定めない。

6　雑誌

　雑誌は最低基準をタイトル数で示した。ここでは、継続資料としての雑誌を対象とする。

【4】印刷メディア（雑誌） 　雑誌の最低基準はタイトル数を学級数に応じて定める。	「雑誌の最低基準数」			（タイトル）
	学級数	小学校	中学校	高等学校
	1〜12	10	15	20
	13以上	15	20	25

7　視聴覚メディア（CD、DVD等）

　近年、視聴覚メディアのデジタル化が進み、電子メディアとの区別が難しい状況にある。ここでは、オーディオ（音声）やビジュアル（静止画・動画）は、CDやDVD等のメディアに収められていて、専用の再生装置（視聴覚機器）が必要なものを対象とした。なお、DVD等については、著作権法上貸出禁止のものも含める。

学級数	小学校	中学校	高等学校	備考
1〜6	200	300	400	
7〜12	$200 + 22 \times A$	$300 + 24 \times A$	$400 + 26 \times A$	A= 6をこえた学級数
13〜18	$332 + 20 \times B$	$444 + 22 \times B$	$556 + 24 \times B$	B=12をこえた学級数
19〜24	$452 + 18 \times C$	$576 + 20 \times C$	$700 + 22 \times C$	C=18をこえた学級数
25〜30	$560 + 16 \times D$	$684 + 18 \times D$	$832 + 20 \times D$	D=24をこえた学級数
31以上	$656 + 14 \times E$	$792 + 16 \times E$	$952 + 18 \times E$	E=30をこえた学級数

【5】視聴覚メディア（CD、DVD等）
　視聴覚メディアのうち、CDやDVD等のメディアに収められていて、専用の再生装置（視聴覚機器）が必要なものを対象とする。

8 電子メディア

　電子メディアは、アプリ、webサイト、動画サイト、データベース、パッケージソフト、電子書籍、デジタル絵本、DAISY等多様である。これまでの「学校図書館メディア基準」では、有料の印刷メディアや視聴覚メディアを対象としているため、電子メディアについても有料のものを対象とする。印刷メディアと電子メディアに関しては、紙市場の規模が圧倒的に大きい。現在入手可能な電子メディアは、紙よりもかなり少ないが、紙市場は減少傾向にあり電子市場は増加傾向にあるため、電子メディアの基準数は、「蔵書の最低基準冊数」の1/10程度とした。

学級数	小学校	中学校	高等学校	備考
1〜6	1500	2000	3000	
7〜12	1500＋70×A	2000＋80×A	3000＋90×A	A＝6をこえた学級数
13〜18	1920＋60×B	2480＋70×B	3540＋80×B	B＝12をこえた学級数
19〜24	2280＋50×C	2900＋60×C	4020＋70×C	C＝18をこえた学級数
25〜30	2580＋40×D	3260＋50×D	4380＋60×D	D＝24をこえた学級数
31以上	2820＋30×E	3560＋40×E	4740＋50×E	E＝30をこえた学級数

【6】電子メディア（全般）
　電子メディアは、データベース、パッケージソフト、電子書籍、デジタル絵本、DAISY等、有料のものを対象に数量基準を定める。

9 運用に関する事項

　ここでは、運用に関する基本的な事項を確認するために、網羅的に列挙したものである。

【7】運用に関する事項
1. 蔵書の最低基準冊数に達していない場合には、10年間を目途に整備を図る。
2. 特別支援学校においては、それぞれの校種別基準を準用するものとする。また、障害に応じて特に必要とする領域のメディアについては、考慮をする。特別支援学級を設置する学校においても同様とする。
3. 専門教育を行う学科またはコースを有する高等学校・中等教育学校・義務教育学校は、その専門領域に必要とするメディアの冊数またはタイトル数を最低基準冊数または最低基準タイトル数に加える。
4. 蔵書の構成にあたっては、配分比率とともに、各学年の発達段階を考慮するものとする。特に小学校にあっては、1、2学年向けの図書を蔵書の1/3を目安に確保することが望ましい。
5. 印刷メディア、視聴覚メディアは10年間、電子メディアは3年間を目途に更新を図る。
6. 学校図書館の機能を十分に発揮するためには、中核となる地域の学校図書館支援センターの創設、地域の学校図書館・公共図書館や資料館等を相互に結ぶネットワークの組織化を行い、メディアの共有、相互利用を積極的に進める必要がある。

日本十進分類法第3次区分表 (要目表)

(出典) 2014年『日本十進分類法新訂第10版』 日本図書館協会

000	**総記**		**040**	**一般論文集. 一般講演集**
001			041	日本語
002	知識. 学問. 学術		042	中国語
003			043	英語
004			044	ドイツ語
005			045	フランス語
006			046	スペイン語
007	情報学. 情報科学		047	イタリア語
008			048	ロシア語
009			049	**雑著**
010	**図書館. 図書館情報学**		**050**	**逐次刊行物**
011	図書館政策. 図書館行財政		051	日本語
012	図書館建築. 図書館設備		052	中国語
013	図書館経営・管理		053	英語
014	情報資料の収集・組織化・保存		054	ドイツ語
015	図書館サービス. 図書館活動		055	フランス語
016	各種の図書館		056	スペイン語
017	学校図書館		057	イタリア語
018	専門図書館		058	ロシア語
019	読書. 読書法		059	**一般年鑑**
020	**図書. 書誌学**		**060**	**団体**
021	著作. 編集		061	学術・研究機関
022	写本. 刊本. 造本		062	
023	出版		063	文化交流機関
024	図書の販売		064	
025	一般書誌. 全国書誌		065	親睦団体. その他の団体
026	稀書目録. 善本目録		066	
027	特種目録		067	
028	選定図書目録. 参考図書目録		068	
029	蔵書目録. 総合目録		069	**博物館**
030	**百科事典**		**070**	**ジャーナリズム. 新聞**
031	日本語		071	日本
032	中国語		072	アジア
033	英語		073	ヨーロッパ
034	ドイツ語		074	アフリカ
035	フランス語		075	北アメリカ
036	スペイン語		076	南アメリカ
037	イタリア語		077	オセアニア. 両極地方
038	ロシア語		078	
039	**用語索引**		079	

200	**歴史**	240	**アフリカ史**
201	歴史学	241	北アフリカ
202	歴史補助学	242	エジプト
203	参考図書［レファレンスブック］	243	マグレブ諸国
204	論文集. 評論集. 講演集	244	西アフリカ
205	逐次刊行物	245	東アフリカ
206	団体	246	
207	研究法. 指導法. 歴史教育	247	
208	叢書. 全集. 選集	248	南アフリカ
209	**世界史. 文化史**	249	インド洋のアフリカ諸島

210	**日本史**	250	**北アメリカ史**
211	北海道地方	251	カナダ
212	東北地方	252	
213	関東地方	253	アメリカ合衆国
214	北陸地方	254	
215	中部地方	255	ラテンアメリカ［中南米］
216	近畿地方	256	メキシコ
217	中国地方	257	中央アメリカ［中米諸国］
218	四国地方	258	
219	九州地方	259	西インド諸島

220	**アジア史. 東洋史**	260	**南アメリカ史**
221	朝鮮	261	北部諸国［カリブ沿海諸国］
222	中国	262	ブラジル
223	東南アジア	263	パラグアイ
224	インドネシア	264	ウルグアイ
225	インド	265	アルゼンチン
[226]	西南アジア. 中東［中近東］ →227	266	チリ
227	西南アジア. 中東［中近東］	267	ボリビア
[228]	アラブ諸国　→227	268	ペルー
229	アジアロシア	269	

230	**ヨーロッパ史. 西洋史**	270	**オセアニア史. 両極地方史**
231	古代ギリシア	271	オーストラリア
232	古代ローマ	272	ニュージーランド
233	イギリス. 英国	273	メラネシア
234	ドイツ. 中欧	274	ミクロネシア
235	フランス	275	ポリネシア
236	スペイン［イスパニア］	276	ハワイ
237	イタリア	277	両極地方
238	ロシア	278	北極. 北極地方
239	バルカン諸国	279	南極. 南極地方

880	**ロシア語**		900	**文学**
881	音声. 音韻. 文字		901	文学理論・作法
882	語源. 意味［語義］		902	文学史. 文学思想史
883	辞典		903	参考図書［レファレンスブック］
884	語彙		904	論文集. 評論集. 講演集
885	文法. 語法		905	逐次刊行物
886	文章. 文体. 作文		906	団体
887	読本. 解釈. 会話		907	研究法. 指導法. 文学教育
888	方言. 訛語		908	叢書. 全集. 選集
889	**その他のスラブ諸語**		909	児童文学研究
890	**その他の諸言語**		910	**日本文学**
891	ギリシア語		911	詩歌
892	ラテン語		912	戯曲
893	その他のヨーロッパの諸言語		913	小説. 物語
894	アフリカの諸言語		914	評論. エッセイ. 随筆
895	アメリカの諸言語		915	日記. 書簡. 紀行
896			916	記録. 手記. ルポルタージュ
897	オーストラリアの諸言語		917	箴言. アフォリズム. 寸言
898			918	作品集
899	国際語［人工語］		919	漢詩文. 日本漢文学
			920	**中国文学**
			921	詩歌. 韻文. 詩文
			922	戯曲
			923	小説. 物語
			924	評論. エッセイ. 随筆
			925	日記. 書簡. 紀行
			926	記録. 手記. ルポルタージュ
			927	箴言. アフォリズム. 寸言
			928	作品集
			929	**その他の東洋文学**
			930	**英米文学**
			931	詩
			932	戯曲
			933	小説. 物語
			934	評論. エッセイ. 随筆
			935	日記. 書簡. 紀行
			936	記録. 手記. ルポルタージュ
			937	箴言. アフォリズム. 寸言
			938	作品集
			[939]	アメリカ文学 →930/938

940	ドイツ文学		980	ロシア・ソビエト文学
941	詩		981	詩
942	戯曲		982	戯曲
943	小説. 物語		983	小説. 物語
944	評論. エッセイ. 随筆		984	評論. エッセイ. 随筆
945	日記. 書簡. 紀行		985	日記. 書簡. 紀行
946	記録. 手記. ルポルタージュ		986	記録. 手記. ルポルタージュ
947	箴言. アフォリズム. 寸言		987	箴言. アフォリズム. 寸言
948	作品集		988	作品集
949	**その他のゲルマン文学**		989	**その他のスラブ文学**
950	**フランス文学**		990	**その他の諸文学**
951	詩		991	ギリシア文学
952	戯曲		992	ラテン文学
953	小説. 物語		993	その他のヨーロッパ文学
954	評論. エッセイ. 随筆		994	アフリカ文学
955	日記. 書簡. 紀行		995	アメリカ諸言語文学
956	記録. 手記. ルポルタージュ		996	
957	箴言. アフォリズム. 寸言		997	オーストラリア諸言語文学
958	作品集		998	
959	**プロバンス文学**		999	国際語（人工語）による文学
960	**スペイン文学**			
961	詩			
962	戯曲			
963	小説. 物語			
964	評論. エッセイ. 随筆			
965	日記. 書簡. 紀行			
966	記録. 手記. ルポルタージュ			
967	箴言. アフォリズム. 寸言			
968	作品集			
969	**ポルトガル文学**			
970	**イタリア文学**			
971	詩			
972	戯曲			
973	小説. 物語			
974	評論. エッセイ. 随筆			
975	日記. 書簡. 紀行			
976	記録. 手記. ルポルタージュ			
977	箴言. アフォリズム. 寸言			
978	作品集			
979	**その他のロマンス文学**			

このほか，本書掲載の各資料の詳細について
は，野口武悟編，全国学校図書館協議会監修
『学校図書館基本資料集』全国学校図書館協
議会　2018年を参照されたい。

索引

下山佳那子（しもやま　かなこ）

八洲学園大学生涯学習学部准教授

筑波大学大学院図書館情報メディア研究科修了，修士（図書館情報学）。
同研究科博士後期課程在学中

2014 年より青森中央短期大学食物栄養学科助教に着任，2016 年より八
洲学園大学専任講師，2018 年より現職

主な著書に『図書館概論』（三和印刷社，2018 年）（共著）

野口久美子（のぐち　くみこ）

八洲学園大学生涯学習学部教授

筑波大学大学院図書館情報メディア研究科博士後期課程中途退学，修士
（図書館情報学）

2016 年八洲学園大学生涯学習学部専任講師に着任し，2018 年より現職

主な著作に，『司書教諭・学校司書のための学校図書館必携：理論と実践』
（悠光堂，2015）（共著），「高等学校教員の読書指導に影響を与える要因：
教員の個人的な経験と読書指導をとりまく環境に着目して」（『Library
and information science』第 74 号，2015 年）ほか

探究　学校図書館学
第2巻　学校図書館メディアの構成　　分類 017

2020年4月20日　初版発行
2021年11月1日　第2刷発行
2023年6月30日　第3刷発行

編著者　公益社団法人全国学校図書館協議会
「探究　学校図書館学」編集委員会
発行者　設楽敬一

印刷・製本　瞬報社写真印刷株式会社
発行所　公益社団法人全国学校図書館協議会
〒112-0003 東京都文京区春日 2-2-7
電話 03-3814-4317（代）　FAX03-3814-1790

ISBN978-4-7933-2275-4